本书由

德国罗莎·卢森堡基金会资助出版

*Die Veröffentlichung dieses Buches wurde unterstützt von der Rosa Luxemburg Stiftung*

# 经济改革和社会结构变迁中的劳动关系

## Wirtschaftsreform, Sozialstruktur und die Umgestaltung der Abeitsverhältnisse

中央编译局政党研究中心
德国罗莎·卢森堡基金会

主编：王学东　张文红

中央编译出版社
Central Compilation & Translation Press

参加本书校译工作的有（按汉语拼音排序）：

蔡若筠、郭金石、何莲花、宋虹、王建斌、王学东、张文红

"经济改革和社会结构变迁中的劳动关系"国际学术研讨会与会代表合影

会议一角

发言人侧影

马克思主义传播史展览馆参观侧影

# 目录

开幕词 ...................................................................... 王学东/1

## 全球化和新的国际分工对劳动关系的影响

**劳动关系的变革及工会在"德国模式"中的角色** ...... [德]比吉特·曼科普夫/4
  一、就业与社会经济稳定之间的关系 ..................................................5
  二、重归"不稳定的政治经济"：德国的劳动关系和工会组织 ................7
  三、结语 ..............................................................................................14

**关于中国改革进程中利益受损职工补偿问题的研究** ....................... 信卫平/15
  一、问题的提出 ..................................................................................15
  二、中国社会财富快速增长背景下的普通职工收入状况 ....................16

经济改革和社会结构变迁中的劳动关系
Wirtschaftsreform, Sozialstruktur und die Umgestaltung der Abeitsverhältnisse

  三、一线职工劳动报酬低下的原因 ………………………… 21
  四、对利益受损职工货币补偿量的测算 …………………… 33
  五、结论与建议 ……………………………………………… 37

## 劳动过程的管理控制和工人的应对 ……………………… 赵炜/40
  一、劳动过程的理论发展及在中国实证研究中的运用 …… 41
  二、研究方法和H企业的基本情况 ………………………… 45
  三、H公司的人力资源管理和生产管理 …………………… 47
  四、"中国特色"的工会 …………………………………… 53
  五、工人的应对及因素分析 ………………………………… 55

# 德国和中国劳动关系的变化

## 德国集体工资谈判制度及其对中国的启示 ……… [德]沃尔夫冈·多伊普勒/62
  一、德国集体工资谈判流程 ………………………………… 62
  二、对中国工资集体协商的思考 …………………………… 75

## 劳务派遣管制失效的法经济学解析 ………………… 姜颖 杨欣/80
  一、调研目的与初步结论 …………………………………… 80
  二、劳务派遣"逆法"繁荣的原因分析 …………………… 82
  三、被派遣劳动者权利"失保护"的原因分析 …………… 84
  四、结语 ……………………………………………………… 88

## 产业升级与劳动 ………………………………… [德]弗洛里安·布托洛/89
  一、简介 ……………………………………………………… 89
  二、解码"产业升级" ……………………………………… 90
  三、案例研究中得到的论证 ………………………………… 91
  四、结论：知识型工作和制造业工作的分离 ……………… 95

中国建筑业农民工的现状与发展前景..........................刘丽臣/97
　　一、全国暨建筑业农民工现状..........................................98
　　二、北京建筑业农民工队伍的构成及目前情况..................100
　　三、建筑企业工会组织的工作........................................101
　　四、让"农民工"成为历史——建筑业农民工的发展前景.......103

# 全球化条件下的
# 新劳动关系和左翼的观点

劳动关系的变革对左翼党的挑战.................[德]康妮丽·希尔德布兰特/110
　　一、引言...................................................................110
　　二、福特主义的危机带来劳动关系的变革........................110
　　三、对欧盟的回答：从卢森堡、里斯本到"2010规划"..........114
　　四、联邦政府的劳动力市场政策改革及其影响..................115
　　五、来自左翼党的回答——工会和左派...........................120

经济危机对左翼政治的影响..........................[德]托马斯·韩德尔/126

# 经济改革、社会结构变迁与劳动关系

不同的发展轨迹....................................................[德]博伊·鲁瑟/130
　　一、劳动关系的转变——概念、方法与视角....................132
　　二、经济重组和控制的多种模式....................................136
　　三、核心行业的生产制度.............................................141
　　四、别样风景：关键制造业的生产制度..........................148
　　五、生产制度与管理特权.............................................152
　　六、结论：没有面向中国工人的新政..............................159

经济改革和社会结构变迁中的劳动关系
Wirtschaftsreform, Sozialstruktur und die Umgestaltung der Abeitsverhältnisse

在波涛汹涌时扬帆起航 ...................................... [德]米夏尔·布里/162
 一、作为"中间阶层政党"的基民盟和基社盟及其民族保守派 ............... 163
 二、萎缩的自民党是经济增长的政党？ ............................................ 169
 三、社民党的两个选项——中左政党抑或更好的危机管理者 ............. 171
 四、回答：绿党"绿色新政"还剩下什么？ ...................................... 177
 五、左翼党强化了自身特征——并非没有损失 ................................. 183
 六、海盗党在形成 ........................................................................... 187

## 中国现代化进程中的社会融合问题

### 新生代农民工的社会融合问题 ......................................... 龚维斌/194
 一、新生代农民工的特点 ................................................................. 194
 二、新生代农民工难以融入当地社会 ............................................... 195
 三、新生代农民工社会融合难的原因 ............................................... 197

### 中国城市化进程中的农民工问题 ..................................... 卢晖临/199
 一、中国城市化进程与"伪城市化"现象 ........................................ 200
 二、农民工问题及其制度根源 ......................................................... 202
 三、"有工作没有生活"的农民工 .................................................... 205
 四、新生代农民工的挑战 ................................................................. 210

# 开幕词

王学东[1]

尊敬的韩德尔议员、布里教授、勃勒先生，
尊敬的各位同事、各位来宾：

大家上午好！

由中央编译局政党研究中心和德国罗莎·卢森堡基金会共同主办的"经济改革和社会结构变迁中的劳动关系"国际学术研讨会，经过长时间的准备，今天在北京顺利召开了。出席这次会议的有来自中央编译局、国家行政学院、劳动关系学院、北京大学、北京师范大学、中山大学、北京建工集团等单位的30多位中国学者，还有来自德国的8位外国学者。作为这次研讨会的主办方之一，我谨代表中央编译局政党研究中心，向与会的各位专家学者、各位来宾表示热烈的欢迎。

此次会议原计划于去年11月份召开，因两个主办方的工作日程临时发生变化，难以衔接，所以推迟到现在。会议晚开也有晚开的好处，一是会议准备得更充分，二是开会的季节更宜人。4月的北京，桃红柳绿，春意盎然，正是踏青赏花、旅游观景的好季节。远道而来的德国朋友在参会之余，可以抽空游览一下北京的名胜古迹、山水风光，想必会不虚此行，留下深刻印象。

---

[1] 中央编译局副局长，中央编译局政党研究中心主任。

经济改革和社会结构变迁中的劳动关系
Wirtschaftsreform, Sozialstruktur und die Umgestaltung der Abeitsverhältnisse

中央编译局政党研究中心成立于2004年12月，目的是整合我局政党研究方面的力量和资源，发挥优势，形成特色，与国内外同行建立更广泛、更密切的交流与合作关系，取长补短，相互提携。8年来，政党研究中心举办了一系列学术研讨和学术交流活动，完成了多项政党研究和其他相关研究课题，取得了丰硕的研究成果。在座的许多专家学者都曾参加过我们的学术活动，与我们有过各种形式的合作。今后希望大家进一步加强联系，更广泛地开展交流与合作，取得更多、更好的研究成果。

德国罗莎·卢森堡基金是中央编译局政党研究中心最重要的国外合作伙伴，多年来始终与我们保持着良好、顺畅的合作关系。自2004年在广州共同举办"罗莎·卢森堡思想国际研讨会"以来，我们双方每年都在北京共同举办一次国际研讨会，议题涉及马克思主义的阶级分析、所有制与产权、社会公正、社会转型与调控、中国共产党和欧洲左翼政党的发展、国际比较视阈下的社会主义探索等问题。这些议题都是在当今社会受到高度关注、值得深入探讨的问题，我们针对这些问题的研讨取得了积极的效果，并且产生了广泛的社会影响。《光明日报》、《学习时报》、《中国青年报》等国内主要媒体都曾对我们的研讨会进行过报道和介绍，一些专家、学者提供的会议论文发表之后被广泛转载。第六次研讨会的成果以中文、德文两种文字出版了会议论文集《中国共产党和欧洲左翼政党的发展》，书已经发到大家手里，如果有人还有需要，可以向工作人员索取。

今年是我们双方的第八次合作，此次研讨会的主题同样是一个非常重要、非常有意义的研究课题。我希望在这次研讨会上，国内外学者能够围绕经济改革和社会结构变迁中的劳动关系问题进行充分交流和深入研讨，把会议开得生动活泼、富有创意，达到预期目的，取得丰硕成果。我对与会的各位专家学者对会议的热情支持和积极参与表示感谢，并预祝此次国际学术研讨会取得圆满成功。

# 全球化和新的国际分工
## 对劳动关系的影响

# 劳动关系的变革及
# 工会在"德国模式"中的角色

[德]比吉特·曼科普夫❶

2007年夏天爆发于美国的次贷危机迅速蔓延成为全球性的金融危机，这一情况再次使我们认识到，植根于一切社会关系中的资本主义正处于危机四伏的状态。这种体系的突出特点在于，国家能够尽可能地为个人的资本增殖创造有利条件，而人的生存在许多方面都与资本增殖的条件密切相关。

如今，千百万欧洲人对此有了惨痛的切身体会。失业率达到了历史最高值。据国际劳工组织统计，2012年初，欧洲范围内共有约4500万人登记为失业，相当于就业人口的10%。在欧洲一些国家，失业率几乎翻倍。在西班牙、希腊和爱尔兰，将近1/5的人口没有工作，25岁以下的适龄劳动力几乎有1/2失业。即使在中年人当中，失业率也迅速攀升。令人担忧的是，欧洲的劳动力市场状况在未来短期内可能还会继续恶化。

为应对危机，各国采取了严厉的紧缩措施，在政府部门中裁减雇员，降低工资标准；在社会福利方面厉行节约，削减退休金；干预劳资体系，推行极为灵活的就业体制。因此，金融危机中不仅经济增长率下降，而且人们接二连三地失去工作岗位。因为缺少社会援助，或者说力

---

❶ 柏林经济和法律应用技术大学教授。

度不够，加之公共服务受到限制，所以即使是社会中层也无法继续参与社会生活。富庶的欧洲国家中，穷人大军不断壮大。

仅有个别国家，特别是德国和奥地利，在经济危机和金融危机中失业率幅度增长不大。然而，我们能否由此得出结论：在经济关系和劳动关系领域存在一种值得欧洲其他国家仿效的"德国模式"？政客、媒体和经济学家们可以说危机主要是由于其他国家——尤其是南欧国家——缺乏竞争力而造成的吗？欧洲危机可以通过公共支出的严厉紧缩、雇员放弃工资以及各类工会表现出更多的合作精神就被克服吗？

我们可以尝试用最简明扼要的方式回答这些问题。不过，在此之前需要进行一番简单的历史回顾。

## 一、就业与社会经济稳定之间的关系

就业与社会经济稳定之间的联系是现代工业社会的一大革新。在欧洲福利国家中，尤其是在"二战"后的德国，这一联系成为社会民主化和文明化的基础。社会不平等尚未在所有国家得到根本性的改变。在奉行财产带来安全感原则的资本主义社会，有些人虽然没有私人财产，却依然享受着社会和经济的双重保障。国家保障、社会权利以及通过劳动获得的社会地位使人生活稳定，并且能够对生活进行长期的规划，也提高了个人在外部危机中的抗打击能力——虽然"小老百姓"们对于这些危机的各类参数无能为力。

社会民主观念发源于欧洲，它要求公民权利和政治权利通过社会公民权获得补充。其核心在于，对现代社会中必然存在的各种相互依赖关系通过准则、规定和各式各样的机构进行规范；保证社会团结和政治稳定不受威胁。

社会民主的基础是社会经济的稳定，而支撑后者的是正式机构和独

经济改革和社会结构变迁中的劳动关系
Wirtschaftsreform, Sozialstruktur und die Umgestaltung der Abeitsverhältnisse

立存在并发挥作用的各类公会。其中包括：（1）劳动力市场的稳定，也就是在正规的劳动力市场中有充足的就业机会；（2）通过失业保护得以实现的就业保障；（3）培训保障，发展能够使人获得劳动技能的教育培训体系；（4）在具体的职业活动中实现工作岗位保障；（5）通过完善的劳动保护和意外事故保护来保障劳动安全；（6）实现收入保障，包括规定最低工资标准，建立一套应对疾病、退休、失业及残疾情况的完善体系，对个人收入实行累进税制；（7）工会代表保障，即通过独立的工会和雇主联合会、通过劳资协定自主权和罢工权保障劳动市场上的集体利益。在过去，欧洲所有国家，尽管具体安排不同，都具有一套复杂的体系来保障各类权利——当雇员在工作中感到受到压迫和剥削，或者人格受到侮辱时，使其可以提出抗议。

即使在经济层面，工会和高度集中的劳资谈判长期以来也被认为是有利的。2003年，世界银行的一项调查显示：工会和高度集中的劳资谈判首先对雇员有利，因为它们为职工争取更高的工资、更短的工作时间、更好的职业培训和长期的雇佣关系，因为它们致力于缩小男性和女性之间、受过培训者与未受培训者之间的工资差距。此外，工会和劳资谈判对整体的经济发展也有所帮助。因为在通常情况下，较高的工会组织程度和集中的劳资谈判，伴随着较低的和持续时间较短的失业率以及较少、较短的罢工，能够提高生产力，降低通货膨胀率。尤其重要的是，在面临国际市场的外部危机之时，它们能够保护公共国民经济。

建立一种特别的"欧洲社会模式"需要三个前提条件：（1）需要强大的、机构化的工会发挥作用；（2）需要长期以来具有广泛影响力的社会民主党和共产党；（3）在东欧存在一种非资本主义的社会制度。这三大前提在21世纪初不复存在。引发这种变化的原因在此不作探讨。然而，可以确定的是，欧洲大多数国家在过去几十年尤其是最后十年中，在劳动关系和工业关系方面（特别是在东欧）经历了缓慢渐进、潜移默化的"美国化"过程。受到主流的新自由主义思想影响，社会经济的各项保障被贬低为阻碍经济增长的疮疤或者僵化观念，主张将其废除。

德国就是这样一个范例。20世纪90年代，伴随德国统一而来的经济危机使得企业投资停滞，就业机会减少，公共税收收入下降，这一切在很长一段时间内都被归咎于顽固的"有组织的工会利益"。失业保护规定，保障生存的工资，在退休、疾病和失业时使人能够维持合乎尊严的生活的公共事业开支，以及旨在缩小同行业职工之间工资差距的劳资谈判，等等，这些都被视作就业的阻碍。一些在劳动力市场和社会政策方面向欧洲灌输新自由主义思想的国际组织，如国际货币基金组织、经合组织等都提出类似观点。国际货币基金组织于2003年公布的一项调查显示，工会过高的组织化程度与过于"慷慨"的失业救济金和严密的失业保护一样会导致更高的失业率。多方劳资谈判会阻碍工资的竞争并且因而提高了实际工资。国际货币基金组织认为这种情况是不利的，因此它当时建议放松劳动力市场的规定，如今它对深陷危机的南欧国家再次提出了同样建议。

德国以及欧洲其他国家从世纪之交起就开始推行劳动力市场改革，其核心在于：劳动这一要素应该变得更为低廉，同时这一与资本相比灵活性较低的生产要素应该承担更多的税收负担。不过这一观点十分片面，它将个体经济的利益置于总体经济之上，并且剥夺了民主的社会公益特征。这一点可以从新"德国社会模式"所起的双刃剑作用中得到证明。

## 二、重归"不稳定的政治经济"：
　　德国的劳动关系和工会组织

几年前，欧洲就开始对过去制定的规则及准则进行"去制度化"，以限制自由市场，尤其是劳动力市场的破坏性影响。这意味着令历史上一度消失的"不稳定的政治经济"复苏。通过建立欧盟内部市场以及货币同盟，欧洲开始了激烈的竞争。在这场竞争中，主要是德国工业以及与其密切相关的奥地利和荷兰工业取得了（暂时的）胜利。

从人口和经济实力来看，作为最重要的欧洲国家，德国在保守的科尔政府当政时期就开始削减国民经济的保障以及与劳动相关的权利。其最主要的推动力是2003年由社会民主党和绿党组成的红绿联盟政府发起的劳动力市场改革，即"2010规划"。其中，最重要的革新包括对劳工派遣的去标准化以及制定新规定，对失业者施加压力。工会组织在之后很长时间内都未对这些改革作出表态，尽管它们很快就清楚，改革的目标是促使雇员及其组织放弃既有的社会公共权利。德国工会组织长期以来奉行着其座右铭：适应不断变化的世界经济框架，增强德国出口的国际竞争力。他们的行动符合新自由主义的经济学家、所有党派的政客以及媒体对他们的要求。然而，工会的这种做法真的对德国乃至欧洲的雇员阶层有所帮助吗？如今，人们经常夸赞德国工会，因为它们通过劳资政策和经营政策为保障德国经济的国际竞争力作出了重要贡献，尤其是在欧洲爆发金融危机和经济危机之后，德国工会表现出了合作精神。它们通过政策上的合作以及与雇员在企业中的利益代表进行合作，推行危机公关，并且至少在德国各出口企业中的固定职工范围内取得成效。一大部分工作岗位通过长时间的短工制、放弃工资（通过所谓旧车报废补贴政策鼓励人们购买新的环保汽车）得以保存，安然度过了2010年这一危机之年。不过这就苦了难以计数的借用雇员，他们在突然之间即被解雇。

德国工会在与雇主和政府取得一致方面被视为典范，然而通过进一步观察，这种模范形象就会变得黯然失色了。因为：首先，虽然德国出口经济从其避免冲突的方针中获益，然而并不是所有的德国雇员受益；第二，工会组织理应参与劳动关系方面的规范制定，工会组织为保证和提高德国企业的国际竞争力表现出的合作精神,并未增强作为媒介的工会地位;第三,工会参与构建的德国出口模式加剧了欧洲的经济不平衡。

(一)德国"劳动力市场模式":螺旋式下降直到不稳定就业

据国际劳工组织和德国工会联合会的数据统计,目前德国雇员可支配工资实际上要少于世纪之交。德国的收入增长在工业国家中实为垫底。工资率从2001年的71.8%降至2010年的66.5%。与此同时,利润率(即企业收入和投资收入占国民财富的百分比)从26.9%上升到33.5%。出现这种情况一方面由于德国低工资行业泛滥,而且德国总是抵制推行法律规定最低工资;另一方面,对财产、遗产、高收入和企业盈利的税收急剧下降,分配政策的倾斜度不断加大。

经济学和社会学的"内行们"过去一直建议德国工会走"竞争—社团主义"的道路,这一道路在最近这几年被"危机社团主义"(H.J. Urban)所取代。而"竞争—社团主义"这条路线使德国的整个地区、各行业和雇员组织输掉了经济全球化,加速了社会的分化。虽然德国目前的失业率是1991年之后的最低值,但长期失业现象并未缓解,而且如今有40%-50%的雇员维持着"反常的劳动关系"。"反常劳动关系"指的是不提供具体的社会公共保障和经济保障的劳动关系。这其中包括自20世纪90年代中期开始不断增多的约100万派遣工,他们中只有1/2签订了3个月以上的合同,并且与正式职员相比,其工资要低20%;还包括在过去15年内由435万涨到870万人的兼职雇员以及730万处于所谓的低收入雇佣关系中的人,他们每月最高工资为400欧元。此外,还包括一些"看似"从事独立的工作,其实不受社会保护的雇员。

此外,在此期间,大约有1/2的新聘员工规定了合同期限;如今在派遣劳工行业之外还有270万规定聘任期限的雇员,与90年代中期相比增加了100万人。在德国,不稳定就业者,也就是没有足够社会保险的雇员主要是成家后的女性。在730万"低收入打工者"中,她们占了480万。因为其中只有一小部分(不足9%)能够从临时工变为正规的雇佣关系,这一群体在今后难以领取养老金,这种缺乏社会公共福利保障的现象将一直伴随其到老年。

此外,低学历人员与高学历人员之间的收入差距也愈来愈大。造成这一结果的主要原因在于,最低等教育类人群的实际工资从1990年开始缩减,自2005年起又更进一步下降,直到2008年他们的实际工资再次降到了20世纪80年代中期的水平。德国580万就业人员中有许多是低学历人员,时薪不到8.5欧元;超过120万人每小时甚至赚不到5欧元。这是因为,工会最低8.5欧元时薪的规定在德国向来就是不存在的。因此,正是这10%拿最低工资的人员在2000年至2010年期间减少了将近5个百分点。

在德国西部,对低工资的定义是时薪少于9.5欧元;主德国东部,则是少于6.6欧元。照这个标准来看,现在每5个有工作的人中就有1个拿着最低工资。因此,德国在世界经合组织中属于工资不均现象发展最迅速的国家之一。所有这些数据主要证明了一点:共识定向与适应能力对于增长中的德国有工作人员并无好处。在过去10年的工资结算中,还不曾能够抵算由生产力增长与通货膨胀而产生的分配空间。

向失业者所施加的压力在企业与有工作的人员身上也产生了作用,同时也推动了工资倾销以及对于规律工作的紧迫要求;而在完全相反的方向上,低工资在企业中压制了用成果替代工资的规则(被称为哈茨IV)。由此产生了一种螺旋形下降,其后果在德国以外都产生着影响。

### (二)德国工会的阿喀琉斯之踵:
### 标准工资契约的腐蚀

并非所有工业关系的系统都如同德国一样,建立在实现并促进雇员与雇主代表间合作的调节与机构之上;对于后者来说,尤其重要的是企业与人事大会的建立,这本来就是作为工会的对等力量而被创造的。但是对于德国这一建立在统一意见基础上的系统来说,只有当雇员代表能够证明自己是有能力制造冲突的,雇主才会寻求与其之间的利益平衡。工会无法让其成员在冲突事件中移动并以此给对方施加压力,因此也必定不能受到对方的严肃对待。通常,工会在冲突中的能力是其组织权力的一个结果。但是,现在发达国家的许多工会却必须与成员进行危机抗争,这就削弱了他们组织的权力。结果便导致了其成员的老龄化以及在年轻人、女性以及高学历雇员中存在的低影响力,低工资领域的雇员在成就领域相对难以组织。

工会组织权力消减的一个后果——目前,德国只有19%的雇员在工会组织中——在逐渐通过削弱综合合同表现出来。在德国,它的意义在过去几年里缩水到了这样一个地步,只有一半的雇员和不到1/3拥有联邦或地区分支薪资合同的企业被囊括其中。在欧洲其他国家(如奥地利、法国、瑞典或者荷兰),薪资合同关系仍然占80%甚至将近100%——尽管工会组织程度在一些国家(主要是斯堪的纳维亚半岛)保持着非常之高的水平,但在法国甚至远不及德国,刚刚达到8%。

因此,对于工会在工业关系体系中作为构造力量这一角色起决定作用的不仅是它们能否赢得成员,并通过一个成功的政策——无论是通过冲突或合作的方式——来使成员们联合起来。同样重要的是,还包括国家在其中扮演的角色。因为国家拥有在政治和法律上保障劳资合同效力以及工会建构功能的能力;尤其是,国家能够将劳资合同在直接包括的利益集团的领域中赋予其有效性——在欧洲许多国家正是如此,但在德国却未出现:当在比利时、法国、荷兰、南欧许多国家以及芬兰,80%-100%的工会与雇主代表间的劳资合同都同样延伸到了甚至不属于这一联盟的企业时,在德国却只有1.5%的合同如此。正是在那些像德国一样不能光靠工会力量的地区,劳资合同体系需要国家从"上"而来的政治支持,才能通过面上劳资合同在某一行业建立一个尽可能相同的竞争环境并阻止供应不足的竞争带来的下旋趋势。出于相同的原因,一个相关的法定最低工资也是必需的。因为与第一眼看上去不同，德国的工会在贯彻雇员利益方面仍需加强。紧盯着德国外贸上的成就只会掩盖"德国模式"最致命的弱点。

### （三）德国外贸模式对欧洲的不良影响

早期工业化国家中，只有很少一部分现在还能自称为全世界跨国企业投资和生产地的标杆。在欧洲，主要指的是德国（以及与德国经济紧密结合在一起的一些小邻国，如荷兰、奥地利以及北欧国家的经济）。2011年期间，德国以其他欧盟国为代价，成功通过"对外出口"走出了经济危机；像前些年一样，这也是通过大面积输出失业实现的。这一方面是由于德国长期存在的低工资战略；另一方面，这一由输出支撑的增长模式建立在欧洲外围国家引入欧元制后的10年内利息迅速减少。这样一来，又进一步促进了欧洲其他国家（特别是希腊、爱尔兰、葡萄牙以及西班牙）信贷泡沫的形成。尤其是德国和法国的银行——当然也有荷兰以及奥地利的信贷机构——将从中获利，这些国家借贷后，会用这些信贷从德国企业购买德国的商品。这就使那些企业的盈利也成了泡沫，这又再次回过头来涉及德国的银行，因此这些银行又可以重新通过放贷而获利。

这里就有着欧盟自产生起便存在的错误：欧盟是作为一个生产共同体、作为一个大的市场，而不是作为一个责任共同体而被构建的。在这样一个欧盟里，一切都服从于竞争的原则，而合作的原则没有什么分量。平衡和稳定的规则处于低下的地位。因此只有强者才能生存下来。弱者对此也难有什么意见，对他们来说，只要与以前相比也有了一些增长就可以。这在实行欧元制度后的希腊、西班牙和葡萄牙正是如此。低利息的后果使这些国家的实际工资相对其生产力而言得到了更明显的增长、国家在公共领域设置了更多的工作岗位，以降低过高的失业率。对于欧洲所有国家，尤其是德国的企业、德国雇员以及德国银行来说,由此得以维护的非竞争性消费力无疑是一大优点。

然而在经济危机中,这一对竞争原则的聚焦却被证实是一个助燃剂。因为由此一来,不光是在欧盟的南部国家,同时在诸如英法等一些大国,整个欧洲房屋的空间荒芜了。在其中,两个性别的失业者、中学生、大学生、移民、退休人员以及就业困难者都必须组织自己的生活,于是变成了一场燎原大火。不幸的是,正是德国,这一经济危机爆发后借助其他国家(中国、印度、巴西)的经济救援计划以及没有多与欧盟邻国的负债来维持出口贸易的国家,一直不断维护着这一竞争原则。为建立一个持久的欧盟救助基金,并使其从2013年开始替代现行的欧洲金融稳定基金,2011年3月底,决定实行一个欧洲稳定机制,使成员国能够不光靠自己的力量或者金融市场而获得金融资助。同时,"欧元1+1条约"不光对受到救助保护的国家有效,对于所有17个欧元国家以及其他参与这个条约的国家(至今已有保加利亚、丹麦、拉脱维亚、波兰以及罗马尼亚等国家)也是有效的。这样一来,便可建立一个以德国为榜样的欧洲经济政府。然而,这一政府的目标恰恰不是赋予市场以政治上的条条框框。这一条约的参与国更多的义务在于向其宪法中引进一个以德国为榜样的"债务刹车",以取消退休年龄及工资与通货膨胀间的联系(与欧盟一些国家很普遍的情况一样),从而降低实际工资。

再者,在自由职业和零售行业内,由迄今为止欧洲范围内竞争所支撑的进一步的开放以及所谓对"不公正限制"的消除也将得到统一。同时,在工资建立方面,"谈判过程的集中化"是否发挥作用也将受到检测。这是对于面上劳资合同毫不掩饰的攻击,同时也是对于工会谈判权力一个重要基础的攻击。除此之外,也必须确定公共领域的工资结算在经济生产力增长的条件下进行,并且在私人经济的劳资结算上起着导航作用。这个可能是最重要的调控预先规定了,国家议会在公布财政规定前必须考虑欧洲委员会的意见,委员会在任何朝着新自由主义结构改革道路的倾向面前都拥有审核的权力。这样一来,在财政、工作市场、社会以及退休政策上,国家的权力都转交给了集体,成员国及其议会对此不得有异。

## 三、结语

即使是在欧洲富有的集体里,也有一个逐渐增长的群体向经典团结样本分配体系转变、保护机制以及国家平衡调节的问题。但是这意味着它们拥有一个有处理能力的国家,能够自上而下地实行转变,具有坚定的准则以及能够坚定地代表弱者利益的有所作为的机构;一个集体组织的保险系统,能够提供可信的保障,而最重要的是拥有一个强大的、有抗争能力的工会。

# 关于中国改革进程中利益受损
# 职工补偿问题的研究

信卫平[1]

## 一、问题的提出

2011年3月通过的"十二五"规划纲要指出:"努力提高居民收入在国民收入分配中的比重,提高劳动报酬在初次分配中的比重,尽快扭转收入差距扩大趋势。"[2]近年来,改善民生成为社会热烈议论的主题,2011年政府工作报告再次提出:努力实现居民收入增长和经济发展同步、劳动报酬增长和劳动生产率提高同步;提出城乡居民的年均收入实际增长要超过7%的指标。并就合理调整收入分配关系提出了具体的措施。[3]

收入分配不合理已经成为政府和民众的共识,合理调整收入分配关系是当务之急。在初次分配中,居民收入和劳动报酬在国民收入中的比重逐

---

[1] 中国劳动关系学院经济管理系副主任、教授,主要从事经济理论、劳动关系和收入分配方面的研究。

[2] 《中华人民共和国国民经济和社会发展第十二个五年规划纲要》,载《人民日报》,2011年3月17日。

[3] 温家宝,2011:《政府工作报告》,见http://www.gov.cn/2011lh/content_1825233.htm。

年下降，根据国家统计局提供的数据，1992年居民、政府和企业三者在国民收入初次分配中的比重分别为68.69%、15.53%和15.78%；到2008年，三者收入的比重分别为57.22%、17.52%和25.26%。与1992年相比，居民收入比重下降11.47个百分点，政府和企业分别提高1.99个百分点、9.48个百分点。❶

居民、政府和企业三者在国民收入中的比重的这种变化，不仅影响到国民经济的正常运行，也对构建和谐社会造成了极大的冲击。今天，党和政府反复提出提高劳动报酬这一点就已经清楚地表明，在过去相当一段时间在国民收入分配中劳动者受到了并不公平的对待，所以政府现在明确提出要提高劳动者的报酬。但应怎样看待这一问题？我们认为，提高劳动者报酬是社会经过反思后对过去30年劳动者为社会发展作出贡献和付出代价的认可，不能理解为是社会发展、国家富裕后对劳动者的一种施舍或恩惠。提高劳动报酬的基本含义是补偿。

## 二、中国社会财富快速增长背景下的普通职工收入状况

### （一）中国先富阶层的财产状况

"让一部分人先富起来"是改革开放初期一个响亮的口号。经过30多年的时间，曾经是"平均主义"的中国贫富两极分化的情况十分严重，财富迅速向少数人手中集中，并形成了"先富"和"未富"两大阶层。这一点在以下4个全球财富报告中可以得到证实：

1. 2010年6月美林集团和凯捷咨询公司联合发布《最新全球财富报告》，报告将净资产（不包括主要房产）价值100万美元以上的人士归为富人，按此标准，2009年中国富人总数达到47.7万人，较2008年增加

---

❶ 国家统计局，2010：《中国统计年鉴（2010）》，中国统计出版社。

31%,继续位居全球第四。报告认为,2009年中国成为全球财富增长最快的国家之一。但是,美林的报告还是略显保守。❶

2. 2010年8月波士顿咨询公司发布了《2010年全球财富报告》,报告指出:在全球范围内百万美元资产家庭占所有家庭的比例不到1%,但这些家庭所拥有的财富占全部私人财富的比例从2008年的约36%增加到约38%。中国拥有百万美元资产家庭为67万个,位于美国、日本之后,在全球排名第三。❷

3. 2010年10月瑞士瑞信银行发布了一份《全球财富报告》,报告指出,中国财富总值从2000年的4.7万亿美元增加到现在的约16.5万亿美元,已经成为全球新兴财富阶层的主力,财富总值仅次于美国(54.6万亿美元)和日本(21.0万亿美元)。报告还指出,在全球共有2400万名高净值人士(人均财富介乎100万美元至5000万美元)中,中国占80多万。❸

4. 2011年5月招商银行和贝恩公司发布了2011年中国私人财富报告,报告指出中国高净值人群(可投资资产超过1000万元人民币)规模正在逐年扩大。2010年,中国的高净值人群数量达50万人;与2009年相比,增加了9万人,年增长率为22%。2008-2010年高净值人群拥有的财富占全国的比重从2008年的23%上升到2010年的24%,预期2011年这个比例将进一步提高到25%。❹

---

❶ 美林集团和凯捷咨询公司,2010:《最新全球财富报告(2010)》,见http://finance.sina.com.cn/roll/20100623/15398163889.shtml。

❷ 波士顿咨询公司,2010:《2010年全球财富报告》,见http://www.doc88.com/p-18346392074.html。

❸ 瑞士瑞信银行,2010:《全球财富报告(2010)》,见http://www.chinanews.com/cj/2010/11-30/2690744.shtml。

❹ 招商银行和贝恩公司,2011:《2011年中国私人财富报告》,见http://www.cmbchina.com/cmbinfo/news/newsinfo.aspx?guid=a712b024-6777-42f5-9660-fb5514c46de4。

综合上述报告分析，在今天中国，一个人数不多但非常富有的阶层已经形成，并占有了社会的大多数财富。早在2009年6月份举行的全国政协十一届常委会会议上，蔡继明委员说："中国权威部门的一份报告显示，0.4%的人掌握了70%的财富，财富集中度高于美国。"❶2010年世界银行公布的调查数据，美国5%的人口掌握了60%的财富，而在中国，1%的家庭掌握了全国41.4%的财富。财富集中程度大于美国，成为全球两极分化最严重的国家之一。

（二）中国一线职工的收入状况

与此同时，广大一线职工的收入状况也引起了人们的关注。国家统计局在2010年底出版的《中国统计年鉴2010》中，首次公布了私营企业职工的收入状况，使社会对以广大一线职工为代表的"未富"阶层的收入状况有了一个基本的认识。

2009年，城镇私营单位就业人员平均工资为18119元，与城镇单位在岗职工平均工资32736元相比少了14617元，为后者的55.35%。❷2009年城镇单位就业人员数是12573万人，城镇私营企业和个体就业人数为9788.9万人。这样，我们可以计算出2009年城镇在岗职工的年平均工资为26337.40元，月均2194.78元。这一数据与全国总工会2009年四季度全国职工收入分配专题调查的2152元职工月平均货币收入十分吻合。

另据2011年4月发布的《北京社会蓝皮书》披露：北京市职工2009年的年平均工资收入约2.68万元，约合每月2233元。全市普通职工家庭人均年收入2.2万元，人均月收入1833元。接近70%的普通职工年工资收入低于3万元，年收入不足1.2万元的职工约为2.8%，超4万元的仅为

---

❶ 蔡继明委员在2009年6月举行的中国政协十一届常委会会议上的发言，见http://bbs1.people.com.cn/postDetail.do?id=93068085。

❷ 国家统计局，2010：《中国统计年鉴（2010）》，中国统计出版社。

14.2%。❶而2009年北京市就业人员的平均工资为57779元，位于全国第二位。

全国总工会2009年职工收入分配调查数据显示，全部调查职工中月收入低于月平均货币收入（2152元）的占67.2%，低于月平均货币收入50%（1076元）的占17.3%。❷与2007年全国总工会第六次全国职工队伍状况调查的数据相比，低于月平均收入的职工和低于月平均收入50%的职工比例均有所扩大，分别增加了4.8%和0.4%，同时，约有1/3职工工资水平徘徊在当地最低工资标准水平附近。❸

根据国际劳工组织的定义，低于月平均货币收入2/3即为低收入者。按此标准，60%的职工低于国家统计局公布的城镇单位在岗职工月平均工资（2728元）水平的2/3，即1819元，属于低收入者。目前，低收入职工群体相对集中，主要集中在一线职工、农民工、私营企业以及国有困难企业职工中。2009年全国总工会的调查数据显示，一线职工、农民工、私营企业职工、集体企业职工的月平均工资水平分别为：1749元、1728元、1811.4元和1241.5元。仅以占低收入职工比例较大的一线职工为例，其月收入相当于全部被调查职工月平均收入（2152元）的81.27%，为国家统计局公布的在岗职工月平均收入（2728元）的64.1%。❹这种低工资加大了一线职工贫困的可能性，国际劳工组织将这种低收入的就业状况称之为"在职贫困"。❺

---

❶ 北京社会科学院，2011：《2011北京社会蓝皮书》，社会科学文献出版社。
❷ 全国总工会职工收入分配专题调研组，2010：《当前企业职工收入分配中存在的突出问题及对策建议》，载《劳动工资动态》，2010年第5期。
❸ 中华全国总工会研究室，2010：《第六次中国职工状况调查》，中国工人出版社。
❹ 全国总工会职工收入分配专题调研组，2010：《当前企业职工收入分配中存在的突出问题及对策建议》，载《劳动工资动态》，2010年第5期。
❺ 国际劳工组织，2011：《2010—2011全球工资报告》。

从基尼系数看，中国贫富差距正在逼近社会容忍的"红线"。尽管对中国的基尼系数各机构认识不一，但学术界认为目前中国居民收入分配的基尼系数高于近年来国内外有关专家计算的0.47-0.50的水平。❶中国基尼系数在10年前越过0.4的国际公认警戒线后仍在逐年攀升，目前已达到拉丁美洲的平均水平。另据中国人民大学的刘元春的研究，自2002年起，城镇内部收入差距对全国基尼系数的贡献率就已经超过城乡收入差距对全国基尼系数的贡献率。❷可以明显看出，城镇内部收入差距的不断扩大与职工收入长期偏低有直接的关系。而这又对中国的经济发展构成了直接的影响。

一方面，劳动者报酬长期偏低，造成的内需不足已经严重制约了中国经济的进一步发展，为此，经济的增长不得不依赖于投资和出口。近年来中国的外贸依存度不断上升，2001年中国的外贸依存度为38.5%，到2007年已上升到66.8%。2008年国际金融危机对中国国内经济造成的冲击令我们至今记忆犹新。

另一方面，国务院发展研究中心的一项研究表明，资本的边际产出与测度居民收入分配差距的基尼系数之间存在着显著性的负相关关系，并且居民收入差距（基尼系数）越大，资本的边际产出越低。目前，居民收入差距的不断扩大对资本的边际产出及中国经济增长的限制已愈来愈明显。❸

---

❶ 迟福林，2011：《破题收入分配改革》，中国经济出版社。

❷ 刘元春，2011：《高度关注中国收入分配差距不断扩大的新形成机制》，载《成果要报》，2011年第2期。

❸ 该报告的实证分析表明，无论是皮尔森相关分析结果还是斯皮尔曼和肯德尔相关分析都表明，资本的边际产出和居民基尼系数之间存在着显著性的负相关关系。进一步进行格兰杰因果检验，基尼系数的提高是引起资本边际产出下降的格兰杰原因。参见：《促进形成合理的居民收入分配机制研究·经济参考资料》，2010年第25期。

## 三、一线职工劳动报酬低下的原因

过大的贫富差距正在超越社会所能容忍的界限,广大一线职工为社会作出的贡献并没有得到应有的回报。那么,是什么原因造成中国职工当前的这种状况?又是什么原因使得中国职工逐渐成为低收入群体的代名词?

我们认为,经济体制改革初期理论上的准备不足,使我们对公平与效率的关系认识存在片面性;效率优先、兼顾公平的分配原则打破了原有劳动关系的均衡,形成了强资本、弱劳动的分配格局,导致新的劳动关系的均衡始终未能形成。近年来中国的劳资纠纷日益增长无不与此有关。

### (一)职工劳动报酬持续走低的根源在于对公平与效率关系的片面理解

任何一个社会在经济发展进程中都要面对公平与效率的挑战。随着收入分配差距不断增大,我们逐渐意识到了这一问题的严重性:即效率优先、兼顾公平的分配原则已经不能适应中国现阶段经济社会发展了。改革开放以来,在摆脱了平均主义的羁绊后,我们又面临着贫富悬殊的困境。为此,党的十七大报告明确指出:"初次分配和再分配都要处理好效率和公平的关系,再分配更加注重公平。"这一提法是对公平与效率关系认识的深化,是对原有的效率优先、兼顾公平分配原则的重大改变。新的分配原则实际上提出了一个亟待认真思考的问题,即取得效率是否还要以牺牲社会公平为代价?尤其是在中国进入上中等收入国家行列后,如何实现公平与效率的统一,是今后一段时期中国经济体制改革和社会发展面临的一个现实的问题。

### 1. 效率不可能脱离公平而长期独自提高

福利经济学认为，一个经济效率的高低在于资源配置是否通过竞争性市场来完成，而与该经济中的资源在不同成员之间的初始分配状况无关。这就是说，改革初期认为要提高效率就不可能顾及公平的观点，至少在理论上是不成立的。改革初期，我们把注意力放在如何打破平均主义，改变吃大锅饭的问题上，认为随着经济效率的提高，每个社会成员的利益都会得到改善。但是，我们恰恰忽略了问题的关键：即效率与公平是不可能分开的，效率不可能脱离公平而长期独自提高的。❶

经济体制改革初期的目标是明确的，但实现目标的路径却不清楚，只能是"摸着石头过河"，虽然我们慎之又慎，但还是在公平与效率的关系上走入误区，在自认为公平与效率不能兼得的情况下，将公平置于效率之下。

1984年中国开始了城市经济体制改革，针对当时制定的经济体制改革战略，世界银行就曾经婉转提出改革过程中可能会出现不平等问题。"对中国这个社会主义国家来说，收入分配问题——更全面地说就是生活水平问题——极为重要，因为中国最重要的经济目标不仅仅是取得快速增长，还要把增长带来的效益广为散布。"❷谈到效率优先问题时，明确指出"为了取得更大的经济效益所做的改变又可能引出一些棘手的问题，特别是公平与否的问题。"❸因为，工资的决定取决于三个要素：效率、公平待遇和稳定性。谈到工资是否应由市场决定问题，世界银行特别指出：工资完全由市场力量自由决定的国家是极少数的，即使是在资本主义国家，工资也是由市场力量、工会代表工人进行谈判、最

---

❶ 信卫平，2010：《重建公平与效率相统一的分配制度》，载《中国劳动关系学院学报》，2010第3期。

❷ 世界银行经济考察团，1985：《中国：长期发展的问题和方案》，中国财政经济出版社。

❸ 同上。

低工资立法这三方面进行某种程度的结合而共同决定的。❶

但是,我们当时对这些问题没有给予足够的重视,没有意识到有效率的市场经济是建立在社会公平分配的基础上,过多地强调了劳动报酬的市场化。没有认识到以牺牲社会公平为代价的经济增长模式,"往往会忽略增进公平所带来的长期效益。增进公平意味着经济运行的效率更高,冲突更少,信任更多,制度更合理。"❷

在过度追求效率的经济发展过程中,中国的收入分配差距迅速扩大,世界银行在1997年发表的题为《共享增长的收入:中国收入分配问题研究》的研究报告中,以"更富了,但更不平等了"为主题分析了中国从1981年到1995年的收入分配体制改革,并认为:"自从1978年开始改革以来,中国的收入分配愈来愈不均,……增长的好处分配不均衡。"❸

2. 效率的提高不能自动转变为公平的实现

中国经济体制改革30年来效率不断提高的根本原因是我们已经初步建立起竞争性的市场体系,这是保证经济效率不断提高的关键。那种认为要保证经济效率就必须容忍分配不公的观点源于"库兹涅茨假说"。美国经济学家库兹涅茨在1954年考察了若干个国家收入分配不平等的数据以后指出:"收入分配不平等的长期趋势可以假设为:在前工业文明向工业文明转变的经济增长早期阶段会迅速扩大,而后是短暂的稳定期,然后在增长的后期阶段会逐渐缩小。"❹这就是著名的"倒U"型假设,即在经济发展过程中,收入分配差距的长期变动轨迹是"先恶化、后改

---

❶ 世界银行经济考察团,1985:《中国:长期发展的问题和方案》,中国财政经济出版社。

❷ 世界银行,2006:《2006年世界发展报告:公平与发展》,清华大学出版社。

❸ 世界银行,1998:《共享增长的收入:中国收入分配问题研究》,中国财政经济出版社。

❹ S·Kuznets, 1955: "Economic Growth and Income Inequality," *American Economic Review*, March.

进"。根据发达国家的经验，他认为一个国家人均GDP在1000-3000美元之间时，收入分配差距会恶化，当人均GDP超过3000美元时，收入差距就会开始缩小。

"库兹涅茨假说"后来之所以在学术界不断引发争论，一个很重要的原因是这一假说具有较强的社会政策含义。依据"库兹涅茨假说"，如果一个经济收入差距变动与经济发展的阶段密切相关，那么，在中国经济转型阶段出现收入差距扩大就是不可避免的。此时，政府的收入分配政策也是无效的。我们只需要等待，等到经济发展拐点的到来，收入差距自然就会缩小。因此，为促进这一拐点的到来，效率优先，加速发展经济，就成了我们面对不断扩大的收入差距时的唯一解释。

但是，"库兹涅茨假说"只是一种理论上的抽象假说，现实中的经济运行并不与其相吻合。以巴西为例，上个世纪60年代中期到70年代中期，巴西的经济高速增长，1968年-1974年，巴西的GDP年均增长11.4%，和现在中国的情况非常相似。这就是巴西所谓的"奇迹年代"，但其收入分配差距并没有像库兹涅茨假说所说的那样"先恶化、后改进"。巴西的基尼系数长期处于0.5以上，2008年达到0.57，巴西经济已被认为陷入"中等收入陷阱"。就中国的情况而言，东部一些发达省份，如广东、浙江等地，其人均GDP早已超过3000美元了，但这些省份的收入差距并没有因此而缩小。以浙江为例，根据浙江省社会科学院2009年的调查，浙江人均GDP已经超过6000美元，但收入差距不仅没有缩小，反而在继续拉大。另据李实的研究，迄今为止没有证据表明中国收入分配差距的变动在遵循库兹涅茨倒U型曲线的轨迹。❶即使在西方国家，库兹涅茨倒U型曲线所反映的工业化时期收入分配状况转折变化的一般规律也不是自然而然到来的，而是伴随着不同社会群体的利益冲突和

---

❶ 李实，2009：《经济增长与收入分配》，见蔡昉：《中国经济转型30年》，社会科学文献出版社。

妥协，以及政府主动的政策干预。"美国的经验表明，收入分配结构的变化，既是库兹涅茨一般规律的体现，也是工人阶级斗争和政府主动政策干预的结果。"❶这意味着，我们没有理由坐等这一拐点的到来，更没有理由任凭收入差距继续扩大。

### 3. 前期改革的受益者已对今天分配制度的改革构成阻力

在党的十七大之前，社会相关方面已经意识到了这个问题，并提出要重视公平分配。2005年9月，负责改革方案起草的国家发改委拿出了《关于加强收入分配调节的指导意见及实施细则》（即收入分配改革方案）。2005年12月和2006年2月分别召开了地方和部门的两次座谈会，2007年至2009年间，对这一改革方案前后又举行了6次征求意见讨论会，却始终未能与公众见面。2007年5月国资委曾发出通知，要对部分国有企业职工工资偏低、收入增长缓慢的原因进行调查，但最后也没有了下文。

2010年曾被称为"收入分配改革"年，当年的2月3日，胡锦涛总书记在谈到转变经济发展方式时，把"加快调整国民收入分配结构"放在了首位。3月5日，温家宝总理在政府工作报告中再次提出要"逐步提高居民收入在国民收入分配中的比重，提高劳动报酬在初次分配中的比重"。10月15日党的十七届五中全会审议通过的《中共中央关于制定国民经济和社会发展第十二个五年规划的建议》中，把收入分配的不平等作为当前中国经济发展中不可持续发展的主要问题来对待，收入分配改革被确认为"十二五"时期的关键性任务之一。面对收入分配改革方案迟迟未能与社会公众见面的窘境，国家发改委的官员表示："不管怎么样，今年必须拿出东西来，收入分配不能总是空谈。"❷然而，2010年收

---

❶ 余斌等，2011：《国民收入分配：困境与出路》，中国发展出版社。

❷ 《收入分配不能总是空谈，年内动刀垄断工资》，见http://politics.people.com.cn/GB/1027/11393162.html。

入分配改革方案最终仍未出台。在2011年12月召开的全国发展与改革工作座谈会上,国务院副总理李克强再次强调要抓紧研究制定收入分配制度改革方案。[1]

时至今日,横亘在收入分配制度改革上的阻力早已不是认识上的问题,而是利益问题。因为若要改变当前收入分配差距过大的现状,就意味着改革的受益者要将自己因改革而获得的收益拿出一部分来补偿受损者。这样的改革必然会导致前期改革获益者的极力反对,一些官员、学者和企业家至今仍片面强调效率优先、兼顾公平的分配原则,而这正是收入分配制度改革难以推进的关键所在。

### (二)收入分配制度改革的路径选择与分配制度设计使职工成为利益受损者

收入分配制度改革面临的挑战就是要对公平与效率的关系作出抉择。公平与效率之间的抉择是"最大的社会抉择"。这种抉择对中国的改革而言,就是要在公平与效率二者之间寻找一个均衡点,既可以解释社会主义经济中为什么可以存在收入差距,又不会违背社会主义共同富裕的基本原则。

中国收入分配改革的起点是计划经济体制下的平均主义分配模式,居民之间的收入差距非常低,1978年城镇居民的基尼系数为0.16,可以说是绝对公平。改革初期,收入分配改革有两个可供选择的路径:一是在保持原有公平分配的基础上,探寻一条提高效率的途径;二是通过打破原有的公平分配来提高效率。由于改革初期理论准备的不足,认为低效率源于平均主义,提高效率就必须要打破原有的分配模式,不可能在保持原有公平分配的基础上,探寻到一条提高效率的途径。选择第二条路径就成为一种必然。但是,选择了第二条路径就意味

---

[1] 李克强,2011:《坚持稳中求进、在改革开放进程中深入实施扩大内需战略》,载《人民日报》,2011年12月16日。

着收入差距会不断扩大，这是与社会主义社会共同富裕的基本宗旨相违背的，因此，社会必须要对这种经济现象的合理性作出解释。

1. 效率优先、兼顾公平的分配原则
   直接影响了社会收入分配的走向

回顾30年的历史文献，收入分配体制改革的目标就是先富带后富，然后实现共同富裕。这一思想最早是由邓小平同志在1978年12月召开的党的工作会议上提出来的："在经济政策上，我认为要允许一部分地区、一部分企业、一部分工人农民，由于辛勤努力成绩大而收入先多一些，生活先好起来。一部分人生活先好起来，就必然产生极大的示范力量，影响左邻右舍，带动其他地区、其他单位的人们向他们学习。这样，就会使整个国民经济不断地波浪式地向前发展，使全国各族人民都能比较快地富裕起来。"❶这就是后来广为传播的"让一部分人先富起来，先富带后富"的思想。

邓小平的这一思想后来在党的一系列文献中得到了体现。例如，1992年党的十四大报告提出要"兼顾公平与效率"。1993年党的十四届三中全会通过的《中共中央关于建立社会主义市场经济体制的若干问题的决定》中，进一步将其具体化为"效率优先、兼顾公平"。1997年党的十五大报告又将其明确为"坚持效率优先、兼顾公平"。2002年党的十六大报告再次提出："坚持效率优先、兼顾公平，既要提倡奉献精神，又要落实分配政策，既要反对平均主义，又要防止收入悬殊。"

效率优先、兼顾公平构成了这一时期社会收入分配原则，也是社会各界用来解释收入差距扩大的依据。但是，根据路径依赖的理论，这一分配原则一旦实施就会从两个方面对后来的社会收入分配走向产生深远的影响。

一是打破了原有的功能收入分配原则。从原来的单一的劳动要素参

---

❶ 邓小平，1985：《邓小平文选》，（第2卷），人民出版社。

与分配逐渐过渡到各种生产要素均可参与分配；分配的方式由按劳分配为主、其他分配方式为补充，逐步过渡到劳动、资本、技术、管理等生产要素按其贡献参与分配。这一重大转变得益于"效率优先、兼顾公平"的这一总体的收入分配原则。恰恰是这一转变，将劳动与资本作为相同的生产要素，放在了同一个收入分配的平台上，按各自的贡献取得相应的收入。这一点正是马克思将西方经济学要素分配理论批判为庸俗经济学的原因之一。在市场经济中，劳动与资本事实上是处于不平等的地位，劳动被资本雇佣，劳动是附属于资本的，工人被异化为机器设备的一部分。因此，工资与利润之间的分配，自然是有利于资本所有者的，更何况像中国这样一个劳动力资源丰富而资本稀缺的社会。从改革最初的设想看，收入分配体制改革是要使广大居民从中受益。但是，"效率优先"在实际经济活动中却逐渐演变为各级政府追求以GDP为指标的经济增长，各级政府对企业实施的各种优惠政策，使政府与企业在利益上结为一体，劳动者权益被严重地忽视了。

二是造成居民收入差距扩大的速度加快。这一点在城镇内部尤为明显：2008年城镇内部收入差距对全国基尼系数的贡献率为45.3%，已经超过了城乡收入差距对全国基尼系数的贡献率[1]；2008年中国城镇家庭居民人均可支配收入按不同收入等级计算，最高10%家庭与最低10%家庭的人均可支配收入相差9.17倍。[2]根据中国改革基金会2009年在对全国19个省份64个城市中4000多户居民家庭收支情况调查数据的基础上推算，2008年全国居民可支配收入总额为23.3万亿元，比国家统计局城乡住户收入统计计算的14万亿元高出9.3万亿元（可以称为隐性收入），比国家统计局资金流量表基于经济普查资料计算的住户可支配收入总额17.9万亿元

---

[1] 刘元春，2011：《高度关注中国收入分配差距不断扩大的新形成机制》，载《成果要报》，2011年第2期。

[2] 国家统计局，2010：《中国统计年鉴（2010）》，中国统计出版社。

高出5.4万亿元（可以称为灰色收入）。这部分隐性收入在城镇居民中的分布是最高10%收入家庭为62.5%，最低10%收入家庭为0.4%。由此推算2008年中国城镇居民中最高收入10%家庭与最低收入10%家庭的人均收入比应为26倍。❶

中国收入分配制度改革是一种制度创新与变迁。新制度经济学认为，只有当制度创新与变迁过程中所获得的收益大于为此而支付的成本时，制度创新与变迁才有可能发生。"但是，由于制度变迁的成本-收益的分布往往是不对称的，也就是受益者未必承担成本或承担较少成本，这样，某些制度变迁就有可能以很多人的利益损失为代价而让少数人获益。"❷因此，我们必须承认在经济体制改革推进的过程中，人们从中获取的利益有多寡之别。这也就必然会形成两个不同的社会群体，即从改革中受益较多的社会群体，及从改革中受益较少或受损的社会群体。这两个社会群体可以称之为改革的相对受益者和相对受损者。前者构成了当今社会的高收入群体；而后者则构成了低收入群体。收入分配改革路径是效率不断提高与贫富两极分化并存的过程。

若以中国基尼系数的变动作为衡量收入分配不均等化过程的尺度，从改革之初的0.16到目前的大于0.47-0.50的变动，可以得出以下判断：在30年经济体制改革与发展的进程中，我们以收入分配差距急剧扩大为代价，完成了效率由低向高的转变。

2. 现代企业制度改革与利益受损者的形成

从福利经济学的角度看，中国经济体制改革就是一种帕累托改进，即一项社会变革使得全体社会成员的社会福利均得到改善；或至少使得一部分社会成员的社会福利增加的同时，其他社会成员的福利并不会因此而减少。但是，帕累托改进是一个效率概念，我们还不能用它作

---

❶ 迟福林，2011：《破题收入分配改革》，中国经济出版社。
❷ 程恩富等，2007：《新制度经济学》，经济日报出版社。

为评价中国经济体制改革的唯一标准。因为在帕累托改进的过程中会出现利益的不一致。如果一项改革使得所有社会成员的福利都得到改善，则这项改革是最理想的，如1978-1984年进行的以土地承包制为主的农村经济体制改革，几乎所有社会成员都从中受益。但是，如果一项改革使得一部分人的社会福利增加的同时，另一部分社会成员的福利却因此受到损害，这项改革是否有效就需要对其进行成本-收益分析，然后利用补偿理论来判断了。

如果经济体制改革符合卡尔多-希克斯补偿标准，改革就应当继续进行。这也是我们在意识到改革会使一部分人利益受损的情况下，仍然一直坚持推进改革的理论依据。❶依据"卡尔多-希克斯补偿标准"，中国的经济体制改革增加了社会的总体福利水平，但社会的不公平程度也在增大。或者说，改革在把"蛋糕"做大的同时，"蛋糕"的分配却愈来愈不公平了。改革中的受益者并没有从增大的"蛋糕"中拿出来一部分对改革中的受损者进行补偿，或者补偿远远少于后者受到的损失。

由于中国的经济体制改革采取的是增量战略，即在改革初期，社会财富的增量部分这一块很小，存量部分较大，所以改革红利在社会成员中分配时其差异并不明显。随着改革的推进，增量部分不断变大，存量部分相对变小。这时，增量改革的参与者无论合法与否，其获利数量愈来愈大。尤其是改革的中前期，增量部分改革的成本基本上是由存量部分承担的，具体讲，主要是由国有企业、集体企业职工以及大量进城的农民工来承担，他们以自己的辛勤劳动支撑着中国经济的快速增长，默默承担着改革带来的阵痛，却未能平等地分享改革带来的收益。

在30多年的计划体制下，长期的低工资、高就业工资政策，使得政

---

❶ 卡尔多—希克斯补偿标准是指，如果由A状态改变为B状态，由此而获益的那部分人能对由此而受损的那部分人作出补偿且仍处于比原来更优的境地，则B状态优于A状态。即如果一项改革使得一部分人受益，另一部分人受损，而受益者能完全补偿受损者之后还有剩余，则整个社会福利会有所改善。

府、企业通过低工资制度"预先扣除"了职工创造的劳动财富中一部分"必要劳动价值"。也就是说，国有企业职工预先将这笔本应该归自己所有的收入存入了国有资产中。政府、企业与职工之间客观上存在一种"承诺"关系，即政府、企业对实行劳动合同制以前参加工作的职工，有一种事实上的终身就业以及相应的医疗、住房、养老等承诺。但是，国企改革却忽略了这一历史承诺。1984年开始进行的国有企业改革，从最初的"砸三铁"、"三项制度改革"，到后来的"减员增效、下岗分流、买断工龄"等，都直接损害了部分职工的切身利益。国企下岗职工，特别是40-50岁这一部分下岗职工，实际上已成为"改革成本的直接承担者和主要的利益受损者"。他们不仅因下岗失业被排斥在"巨额存量资产"重新分配的名单之外，甚至连自己预先"存蓄"的那一部分都无法收回。这样的改革对他们来讲是有欠公平的。

可见，政府在改革中单方面改变了"游戏规则"，忽视了企业职工的历史贡献和切身利益。仅以企业下岗分流为例，根据中国社会科学院的一项研究报告提供的数据，1995-2001年间，国有部门职工人数从11300万人下降到6700万人，减少了大约4600万人，占原来职工总数的40%。同期，城镇集体部门的职工减少了1860万人，约占原来职工总数的60%。在这一时期，4300万职工成为登记注册的下岗者，其中3400万来自国有部门。❶这表明："经济改革使全体居民受益的阶段已经结束，开始出现（至少短期中）明显的受损者。"❷

改革的利益受损者主要包括：企业的一线职工；国有企业和集体企业的下岗职工，国家对某些行业进行强制性调整而受到影响的职工及老工业基地的职工；饱受社会歧视的农民工。这三部分职工既是中国经济

---

❶ 蔡昉等，2004：《经济重组如何影响城市职工的就业和福利》，见《中国劳动经济学》，（2004年第1卷），中国劳动社会保障出版社。

❷ Simon Appleton等，2004：《中国裁员的决定因素及后果》，见李实等主编：《经济转型的代价》，中国财政经济出版社。

改革成本的承担者，也是这个过程的利益受损者。本文所提出的补偿对象主要是上述群体。

### 3. 对利益受损者的补偿应是下一步收入分配制度改革的重要组成部分

为了使利益受损职工支持改革，政府经常以改革从长远看是符合工人阶级的利益的观念来劝导职工，并承诺将来经济发展了，社会财富增加了，职工的利益就会得到改善的。这就是改革之初邓小平讲的要让一部分地区一部分人先富起来，再以先富带后富的改革思想。但是，我们在谈到邓小平的上述思想时，只强调让一部分人先富起来，而很少提及他的先富带后富的思想。按照补偿理论，改革进行到一定阶段，若要继续深入进行，获益者要从因改革而获得的收益中拿出一部分来补偿改革的利益受损者，否则改革就将难以为继。

近年来中国劳资纠纷日益增长，根据人力资源和社会保障部提供的统计：全国各级劳动争议仲裁机构处理的劳动争议案件呈上升趋势：2007年为50万件；2008年为96.4万件；2009年为87.0万件。另据中华全国总工会《第六次全国职工队伍状况调查总报告》的调查，当问及如果企业发生集体劳动争议导致的群体性事件时，61%的职工表示有参加的可能。[1]

这表明，在中国经济转型的过程中，如果长期忽视对改革成本负担者的利益补偿，就容易引发社会的不稳定，还有可能掉入"中等收入陷阱"。邓小平晚年曾明确指出："十二亿人口怎样实现富裕，富裕起来以后财富怎样分配，这都是大问题。题目已经出来了，解决这个问题比解决发展起来的问题还困难。分配的问题大得很。我们讲要防止两极分化，实际上两极分化已然出现。要利用各种手段、各种方法、各种方案

---

[1] 中华全国总工会研究室，2010：《第六次中国职工状况调查》，中国工人出版社。

来解决这些问题。少部分人获得了那么多财富，大多数人没有，这样发展下去总有一天会出问题。"❶

历史与现实都反复证明，任何社会改革必须遵循社会公平正义的原则，改革方案设计的基本原则应使社会上的弱势群体也能够从中获益，并对改革中的利益受损者给予应有的补偿，将他们的损失减少到最小的范围和程度。否则，改革的社会效果会被大幅冲减，下一阶段的改革也会失去内在的动力。

因此，在经济体制改革进行了32年后的今天，在社会财富有了较为丰富积累的前提下，对改革进程中的利益受损者，或者更准确地说，对改革成本的承担者给予适量的补偿，就是一件应该尽快提到议事日程的事情，也应是下一步经济体制改革的重要内容。因为只有对改革中的利益受损者给予应有的补偿之后，全体社会成员的福利水平均有改善，才能证明改革使整个社会的效率水平提高了。如果一谈到提高劳动者报酬就认为这会影响社会的效率，那么这种改革就不能认为是对全社会有益的，最多是对某些获益者群体有益。从长期看，这样的改革对社会的发展并无益处。

## 四、对利益受损职工货币补偿量的测算❷

对利益受损职工的补偿取决于受损职工的受损程度和以货币形式表现的受损数量。为此，本文对改革进程中利益受损职工的利益受损程度及货币补偿量进行了测算。

我们的测算基于以下考虑：一是补偿的计算口径，我们选择了企业

---

❶ 中共中央文献研究室，2007：《邓小平年谱》，中央文献出版社。

❷ 中国劳动关系学院赵鑫全博士和张勇博士参与了本节对利益受损职工货币补偿量的测算。

一线职工、下岗职工和农民工作为测算的对象，分析他们在市场化改革及企业转制过程中的利益受损情况，并从货币补偿量方面作了测算。二是补偿的起始点，我们选择了以1992年为计算起点，因为在这一年7月国务院颁布了以"破三铁"为主要内容的《全民所有制企业转换经营机制条例》，当年就涉及国有企业6万多家，职工3000多万人，约占当时全部国有企业职工总数的1/3左右。同年，国有企业开始出现大规模职工下岗。我们认为，"破三铁"和下岗是改革进程中职工利益受损开始的一个重要标志。

在测算企业一线职工利益受损数量时，将劳动报酬占企业部门增加值的比重保持在1992年的基础上首先计算出每一年企业部门应得劳动报酬，并用其减去当年度企业部门的实际劳动报酬，其差额就是以货币形式表示的企业部门职工利益受损的数量。然后将企业部门各年度的保持1992年比重的劳动者报酬总量绝对差值加总，就可以得到1992-2008年的总共17年企业部门职工按1992年的标准应得而没有得到的货币工资总量，即142295.36亿元。

对下岗职工的利益受损进行测算时，分为显性收入损失和隐性收入损失两部分。下岗职工直接收入和在职职工之间的差距定义为显性收入损失；下岗经历对下岗职工再就业后工资收入的负面影响定义为隐性收入损失，最终计算出1992-2009年全国下岗职工显性收入损失和隐性收入损失的总量。

利用国家统计局提供的数据1992-2005年期间全国下岗职工人数、城镇在岗职工平均工资等，我们对下岗职工显性收入损失进行了测算。但是，由于各地区下岗职工基本生活费的数据不全，我们运用以下方法进行推算，将相对较高的北京下岗职工基本生活费作为全国下岗职工的平均基本生活费，以此作为全国下岗职工收入损失下限的计算依据。这样，全国下岗职工的显性收入损失下限即为各年度全国年平均在岗职工工资减去北京下岗职工年基本生活费再乘以当年下岗职工人数，最终计算结果为：1992-2005年的14年间，全国下岗职工显性收入损失下限总量为5110.2729亿元。

关于下岗职工收入损失上限的计算，我们根据1997年《劳动统计年鉴》提供的数据计算，该年度下岗职工的年人均生活费为922元；1996年《劳动统计年鉴》提供的数据计算，全国下岗职工基本生活费合计824990.2万元，平均每个下岗职工约925元/年。换算为月平均收入为：1996年下岗职工月平均收入为77元；1997年为77元。可以推算历年全国下岗职工平均月基本生活费为北京市下岗职工基本生活费的40%左右。依据相同方法，我们计算出1992-2005年全国下岗职工显性收入损失上限为6880.6060亿元人民币。

我们在对相关文献的研究中发现，下岗不但对下岗职工的收入有所影响，而且对下岗职工再就业后的工资水平也有一定的影响。这种由于下岗经历对再就业后收入水平的负面影响，我们定义为隐性收入损失。

国外学者发现，在美国，失业持续时间每延长10%，再就业后工资就会下降7.5%-13.8%。[1]同时，这种收入水平的下降是长期的，很难恢复，即使失业者后来能够在与失业前相似的企业中重新工作也是如此。[2]国外学者对中国2000年的数据分析发现，在中国存在同样的情况，失业者再就业后的收入显著低于未失业者，[3]并且失业持续时间越长，对再就业后收入的负面影响越明显，通常是失业持续时间每增加1个月，再就业

---

[1] Addison, John T. and Portugal, Pedro, 1989: "Job Displacement, Relative Wage Changes, and Duration of Unemployment," Journal of *Labor Economics*, Vol. 7, No. 3, July, pp. 281-302.

[2] Jacobson, louis S.; LaLonde, Robert J. and Sullivan, Daniel G., 1993: "Earnings losses of Displaced Workers," *The American Economics Review*, Vol. 83, No. 4, Sep., pp. 685-709.

[3] Appleton, Simon; Knight, John; Song, Lina and Xia, Qingjie, 2002: "Labor Retrenchment in China: Determinants and Consequences," *China Economic Review*, Volume 13, Issue 2-3, pp. 252-275.

后的工资就下降0.64%-11.73%。❶

我国学者在对中国2003年的数据分析发现：未失业者的月劳动收入（包括工资收入和经营收入）或工资收入与再就业者相比，分别高出84.3%和68.7%。❷也就是说，下岗或失业的再就业者的劳动收入或工资收入仅仅相当于前者的54.26%或59.29%。而仍处于失业状态的劳动者劳动收入或工资收入则仅仅相当于前者的23%或24.91%，相当于下岗或失业再就业者工资收入的42.01%。

国外学者研究还显示：职工下岗再就业后，其收入也只有在岗职工的50%-59%。而且，这种收入上的差距40%以上是由于下岗或失业经历引起的，这种经历对再就业后工资的影响是长期的。研究发现，有下岗或失业经历的职工即使是再就业6年以后，其工资水平比预期的还低要9%以上。❸

综上所述，我们可以得出以下判断：由于下岗经历造成的下岗职工隐性收入损失，初期约为在岗职工收入的40%，6年后约为9%，年平均为25%。由于这种隐性收入损失40%以上是由下岗经历所引起的，因此，可以估算出下岗职工因为下岗造成的隐性收入损失约为在岗职工收入的10%。由于从2006年开始，我国将下岗职工与失业合并而不再对下岗职工数量进行统计了，下岗从此成为历史。但是，下岗经历给这部分职工带来的损失还在延续。我们依据2005年最后一次公布的下岗职工的人数统计，可以计算出2006-2009年期间全国下岗职工隐性收入损失总量约为22.6380亿元人民币。

---

❶ Knight, J. and Li, Shi, 2002: "Unemployment Duration and Earnings of Re-employed Workers in Urban China," *Working Paper*, Oxford University.

❷ 刘文忻、杜凤莲，2008：《失业与中国城镇人口收入差距》，载《经济评论》，2008年1期。

❸ Stevens, Ann Huff, 1997: "Persistent Effects of Job Displacement: The Importance of Multiple Job losses," Journal of *Labor Economics*, Vol. 15, No. 1, Part 1, Jan., pp:165-188.

对农民工利益受损进行测算，主要依据国家统计局和农业部提供的相关数据进行测算，并将根据前者提供的数据进行测算的结果作为上限，将后者提供的数据进行测算的结果作为下限。按照同工同酬的基本原则，以城镇在岗职工收入为标准，对1992-2009年期间农民工收入受损的总量进行了测算：

首先，将国家统计局提供的1992-2009年城镇在岗职工年平均工资按年度分别加上保持1992年职工工资总额在GDP中的比重的在岗职工年平均工资的绝对差值，得到按1992年职工工资总额在GDP中比重的在岗职工年应得平均工资。

其次，用上述方法计算的1992-2009年期间城镇在岗职工年应得平均工资，分别减去按国家统计局和农业部口径计算的农民工年平均收入，其差额作为农民工平均年收入差额补偿缺口的下限和上限。再用这一补偿缺口的下限和上限分别乘上各自口径计算的当年度农民工人数，最终得到当年度农民工收入总额的差额补偿缺口的下限和上限。

最后，将测算出来的各年度的农民工收入总额的差额补偿缺口的下限数据和上限数据分别进行加总，便可得到1992-2009年期间农民工收入差额的补偿总额，其下限是209941.48亿元；上限是237232.28亿元。

对上述三部分的利益受损职工的货币补偿量加总，我们得出了对在市场化改革进程中利益受损职工进行货币补偿的总量，其下限为357369.7509亿元、上限为386430.8840亿元。

## 五、结论与建议

本报告认为，经过30多年的改革开放，中国经济发展取得了举世瞩目的变化，国内生产总值从1978年的3645.2亿元到2010年的397983亿元，32年增长了108.18倍，GDP总量在全世界位居第二，这一成绩的取得离不开那些在生产一线默默无闻的劳动者。改革在为我们带来辉煌成果的同时，社会也为此付出了巨大的代价、沉重的成本。正如全国总工会在《1997年全国职工状况调查》中曾经指出的："职工队伍承受了经济体制改革带来的阵痛和压力，为改革、发展和稳定作出了重大贡献，""对于部分职工尤其是一线工人而言，主人地位的下降，不仅仅体现在政治地位的下降上，而且也体现在劳动权利和经济利益的受损上，他们甚至已经成为在改革中获利最少、付出代价最多的阶层，虽然他们也有不满，但又对改变现状无能为力，只能默默地为改革负担成本。"❶

从这个意义上讲，本报告测算出的利益受损职工收入差额的货币补偿总量无论上限还是下限，都可以看作是为取得今天的成就而进行的经济体制改革所付出的社会变革成本。其中：

对企业一线职工劳动报酬统计、受损分析及货币补偿量的测算，是将上世纪90年代以来社会转型时期不可避免地出现"利润对工资的侵蚀"具体量化；

对企业下岗职工收入受损分析及货币补偿量的测算，是将几千万职工为国有企业、集体企业的转型而负担的改革成本具体量化；

对农民工收入受损分析及货币补偿量的测算，是将上世纪90年代以来中国在经济发展过程中廉价使用的"人口红利"具体量化。

这三部分构成了中国近20年来经济体制改革与发展所要付出的成本，只是这部分改革成本是由企业部门职工、下岗职工和农民工这些普通的劳动者承担了。

在尊重改革和发展过程中形成的既得利益的前提下，对改革中相对利益受损阶层予以某种形式的合理补偿，这应该是今后一段时期内我国

---

❶ 全国总工会政策研究室，1999：《1997年中国职工状况调查》（综合卷），西苑出版社。

收入分配体制改革的一个基本原则。任何体制的变革，都会打破原有的利益格局，形成新的利益格局。从这个意义上讲，一些人会在这种社会变革中获益，成为新体制的既得利益阶层。但是社会主义经济体制改革的本意不是把原有体制创造的财富通过改革从一部分人手中无偿转移给另一部分人，而是在承认原体制下形成的社会各成员既定利益的前提下，通过权利和财产关系的重新安排，调动所有成员的积极性，在增加社会总财富的过程中实现帕累托改进。如果在社会总财富增加的同时，由于改革导致了社会中的一部分人利益受损，受益者有责任从自己增加所得的收入中拿出一部分补偿受损者。这也是社会公平公正原则的具体体现。

由于这部分补偿金额数量较大，采取什么方式、通过什么途径进行补偿是至关重要的。因为它不仅直接关系着广大职工权益的维护，关系着社会既有财富的分配与调整，还关系到今后一段时期社会的稳定与经济的发展，必须慎之又慎。

通过对国际国内补偿方式的考察，我们认为：从公平正义的角度讲，对利益受损职工的补偿应当是一种财政行为，而不能只是一种货币行为。为此，初步的建议是：（1）建立国家社会补偿基金，专司对利益相对受损职工的补偿；（2）实施"国民收入倍增计划"并出台《中华人民共和国最低工资法》；（3）探索"化税为薪"的道路，在保证就业的基础上，推进工资集体协商机制；（4）增强利益受损群体获取收入的能力，提高社会保障水平。

# 劳动过程的管理控制和工人的应对

## ——对一家合资汽车企业的个案研究

赵炜❶

近10年来，是中国汽车业发展最快的时期，产业规模迅速扩大。汽车销量从2000年的207万辆，增长到2010年的1826万辆，10年期间增长了近8倍，年均年增长率为24.3%。从世界范围来看，连续10年保持20%以上的增长率，在汽车发展的先行国家也是没有的。2009年，中国的汽车销量占全世界汽车销量的22.38%，成为世界第一大产销国。随着中国汽车市场开放程度的提高，跨国公司纷纷与国有企业组建合资企业，世界汽车工业绝大多数著名品牌都通过合资进入中国。汽车工业的发展还带动了就业的增加。从2002年开始，汽车制造业的全部从业人员年平均人数持续增长，占工业从业人员平均人数比重快速提高。2008年11月，全部从业人员达到270.07万人，占工业从业人员人数比重为3.33%。

在中国，很少有学者专门分析汽车制造产业的工人状况。直到2010年，广东南海本田汽车配件厂工人罢工并产生全国性影响以后，对于汽车工人集体行动的研究成为热点。但现有的研究基本集中在工人组织和集体行动的角度。本研究将从管理控制的角度，基于对于一家大型国有汽车集团下属的一家有着10年历史的合资汽车总装企业的研究，分析目

---

❶ 北京师范大学中国劳工问题研究中心。

前汽车总装产业工人的工作条件；描述在全球汽车产业通行的"精益生产"管理模式下的管理者和工人之间的关系；分析合资企业中具有"中国特色"的工会，试图解释汽车总装企业工人反映行动选择的原因。

## 一、劳动过程的理论发展及在中国实证研究中的运用

### （一）劳动过程理论的发展

在西方的劳动过程理论发展过程中，布莱弗曼和他在1974年的《劳动和垄断资本》具有奠基性的意义。他的理论引起了有关劳动过程的讨论。技术的定义、手工业的浪漫化、工作的降级、作为资本主义逻辑的科学管理和主体性问题成为研究的热点。其中，科学管理是引起争议最多的。布莱弗曼认为，控制是所有管理系统的核心概念。泰勒主义不是简单的工作设计，而是对异化劳动的控制。在20世纪70-80年代，劳动过程理论经历了爱德沃斯和弗莱德曼的积累。他们分析了不同形式的控制，并提出管理方控制方式的变化增加了管理方和工人之间的冲突。布洛维则不仅看到了控制和管理冲突的一方面，还看到了"制造同意"的一面。他的《生产政治》，更是将劳动过程理论发展到一个新的高度。布洛维的贡献在于，将布莱弗曼的理论从工作场所扩展到更广泛的背景。他的发展"工厂制度"概念将劳动过程置于公司之间的市场竞争、劳动力再生产和国家对经济的干预这个大的背景之下。劳动过程不单单是工厂范围内的工作关系，而是重塑了冲突和工人阶级反抗的形式。[1]这四位经典作家对于劳动过程的阐释，都是在马克思主义的框架之下。在他们之后，劳动过程的理论在时间和空间的两个维度发展。

在时间的维度上，从20世纪80年代末到90年代，来自从不同领域的

---

[1] Michael Burawoy, 1985: *The Politics of Production*, London, Verson.

学者从多角度对于管理和控制的理论加以发展。如Littler[1]除了对于资方的"科学管理"加以批判之外，还发现了控制在劳动过程理论中的争论与官僚制和合法化的韦伯模式的概念之间的关系。他认为对于劳动过程的概念应该有三个层次的分析，即工作设计、管理结构和雇佣关系。这三个层次是相互独立的，在雇佣过程中可能交互使用。尽管Littler没有发展出完整的理论体系，但他对于韦伯理论的使用导致对工作的主体性（Subjectivity）的分析，较之布洛维的"同意"和"赶工游戏"的概念对于工作场所行动的研究更加宽泛。英国著名学者Paul Edwards称其劳动过程的研究不是马克思主义的，而是"唯物主义"的，他不期望阶级斗争依然带来社会变迁，甚至不认同劳工共同的阶级地位必然导致相同的利益。他的思想与80-90年代著名的劳动过程的学者汤普森十分相似。这个时期的劳动过程理论研究出现了多元化的趋势，不再完全以马克思主义为出发点。

20世纪80年代末期以后，劳动过程理论出现了碎片化的趋势。一方面，"后结构主义"或"福柯主义"在相当程度上影响劳动过程理论的走向。例如，Knight（1989）强调主体性和力量（Power）是相互制约的。对于工人个人主体性的建构和解读，而非阶级力量的对抗，成为劳动过程理论探讨的主流。在同一阶段，对于"策略"的讨论也进入了劳动过程理论的视线。随着包括人力资源管理在内的管理科学的发展，劳动过程的研究开始关注现代管理方式对于劳动控制的影响。有研究认为，在劳动过程理论的研究中，对于管理策略的归纳过于笼统。大多数企业不会只采用单一的管理策略，而是多个策略并存。因此，研究者，特别是英国的学者转向了对管理学，特别是人力资源管理对于劳动过程影响的研究。

在空间的维度上，尽管劳动过程理论的奠基者和最著名的代表任务

---

[1] Littler C R,1982: Bravermania and Beyond: "Recent Theories of the Labour Process," *Sociology*,Vol. 16,No. 2,pp:251-269.

都来自于美国,但除了早期的经典学者之外,在美国的经济学、社会学和劳动关系研究中,极少有学者对劳动过程理论有所贡献。而欧洲,尤其是英国的学者以及澳大利亚的研究者,则在劳动过程的发展过程中发挥了巨大作用。从1983年起,英国每年召开一次的劳动过程大会,从开始仅有英国本国学者参加到吸引了世界上更多的学者加入,产生了愈来愈大的影响。进入90年代后期以后,由于英国工业社会学的研究从原来的社会科学学院或社会学系转到了商学院。于是,更多的学者开始关注在劳动过程中新型管理方式对于工人的影响。这在相当程度上细化了劳动过程研究。进入新世纪以来,管理方式的变化,特别是以"精益生产"为代表的日本管理技术、专业灵活化等模式的使用,在一定程度上改变了"去技术化"的趋势,有可能增加工人个体力量并缩短劳资之间的距离。也有欧洲学者反思,以往对于科学管理的研究基本基于美国经验,而在其他国家,由于历史、经济状况和阶级关系,可能出现不同的特点。

从布莱弗曼提出劳动过程理论以后的近40年中,欧美国家的学者从不同的角度加以发展。无论是否以马克思主义为出发点,学者们都试图随着资本主义生产方式发展,来探讨和解释劳动过程中的基本问题。一个典型的趋势是,对于劳动过程的发展,除了学术研究本身的进步外,基本上是伴随着管理方式的变化而发展的。相对来说,90年代以后的学者更加关注生产和管理方式对于劳动控制和工人主体性变化的影响。

### (二)劳动过程理论在中国

布莱夫曼的《劳动与垄断资本》早就有中译本,但一直没有引起社会学研究的关注。直到20世纪90年代,才开始有海外的中国研究学者,以劳动过程为理论来解释不断市场化的劳动关系变迁。比较著名的有李静君❶提出的在市场化的过程中，计划经济时期的建立在"父爱主义"基础上的组织依赖被管理方占绝对优势的"失序专制主义"所替代。Anita Chan❷等在对5个省份55家制鞋企业的调查基础上提出，企业的所有制类型与劳动控制的类型有直接关系。赵明华❸等的研究将重点放在"科学管理"上，在劳动过程的层面上，以现代管理方式引进的方式加强控制，工人处于完全被动的状态。

进入21世纪以来，愈来愈多的学者意识到劳动过程理论，特别是布洛维的生产政治和工厂体制的概念对正在变革的中国劳动关系具有良好的解释力。有更多的实证研究借鉴了布洛维理论。比较有代表性的有：任焰和潘毅❹对于宿舍劳动体制的分析。作者认为，宿舍劳动体制成为车间劳动控制的外延。张璐❺对于汽车产业的生产政治的研究认为，汽车产业劳动力使用的"二元化"，导致了在一个企业中存在着包含"霸权"和"专制"两种工厂制度。霸权的管理制度建立在管理方与正式工人之间，而专制的制度则建立在管理方和农民工之间。不同的体制不仅加强了控制还影响了工人的团结。沈原❻则分析建筑业的"关系霸

---

❶ Lee, C. K.,1999: "From Organized Dependence to Disorganized Despotism: Changing Labour Regimes in Chinese Factories," *The China Quarterly*, Vol 157, pp: 44-71.

❷ Chan, A and Zhu, XY,2003: "Disciplinary Labour Regimes in Chinese Factories," *Critical Asian Studies*, Vol 35, No 4, pp: 559-584.

❸ Zhao, W; Nichols, Theo and Cam, Surhan,2005:*China - White Goods and the Capitalist Transformation Labour in a Global World.* New York, Palgrave Macmillan。

❹ 任焰，潘毅，2006：《宿舍劳动体制：劳动控制与抗争的另类空间》，载《开放时代》，2006年2月第183期，第124—134页。

❺ Zhang, L. 2006：*Globalisation, Market Reform and Changing Labour Relations in China, 1980-2006: A Case Study of the Chinese Automobile Industry.* Fourteen GEPRISA International Colloquium, Paris, France.

❻ 沈原，2007：《"关系霸权"：对建筑业劳动过程的一项研究》，见沈原：《市场、阶级与社会》，社会科学文献出版社。

权",在建筑业分包制的劳动体制下,从发包方到包工头层层的"关系网"中,实际是对农民工的更加严苛的控制。赵炜[1]对两家家电企业的研究发现,工厂体制的变迁与所有制的形式并无直接关联,市场化的程度才是导致工厂制度变迁的主要动因。

除了实证研究之外,还有一些研究者专门介绍和评价了劳动过程理论的发展脉络。目前所见到的介绍和评价都集中在对于劳动过程理论第一个阶段,即从布莱弗曼到布洛维时期的理论介绍。只有谢富胜等[2]的文章中简单地介绍了90年代以后劳动过程的发展。而90年代以后的西方学者对现代管理方式对于劳动过程影响的研究则较少为国内学界关注。

从以上的分析可以看出,随着中国市场化的发展,愈来愈多的学者运用劳动过程理论对不同产业的劳动关系变迁加以分析。在大多数研究中,关注到不同产业特征下的劳动过程,论述了不同类型企业在市场化的过程中的劳动控制方式的变化和工人的应对方略。很多学者按照布洛维的观点去分析工厂体制的特点,并关注到工资、工时和工作条件等基本劳动状况。但较少的研究涉及现代的管理方式如何影响到工人,工人如何应对。本研究选择了汽车总装业这个集中了现代管理方式的产业,试图分析控制是如何在劳动过程中实现的。

## 二、研究方法和H企业的基本情况

### (一)研究方法

本研究的实证调查在2011年4月到8月完成。调查分为两个部分。一是对管理人员的调查,采用半结构访谈方式完成。调查者通过私人关系

---

[1] 赵炜,2010:《工厂制度重建中的工人》,社会科学文献出版社。
[2] 谢富胜、李安,2009:《回归马克思主义:欧美学术界劳动过程理论争论的新动向》,载《马克思主义与现实》,2009年第5期。

介绍进入企业，对包括人力资源部、生产部负责人、车间主任、工段长和工会干部在内的9名管理人员进行访谈。142份工人调查问卷通过厂外调查的方式完成。每份问卷都是调查员与工人一对一完成的，完成1份问卷调查需要30分钟至1小时，工人手持一份问卷，调查员询问并填写问卷。为了解工人更详细的情况，调查者从完成问卷调查的工人中挑选出20名工人做了半结构访谈。考虑到了工人的配合程度、访问意愿、车间来源等各方面的因素，每个工人的访谈时间均在1个小时以上。这保证了工人回答问题的完整性、真实性和数据的准确性。本课题的调查员均为在校社会学专业硕士研究生。在调查实施前进行过专门的培训。

### （二）企业的发展历程

成立于2002年10月的H公司，是由北京一家国有汽车集团与韩国著名汽车公司共同出资成立的汽车总装企业。注册资本为18亿元人民币，总投资24亿人民币，中韩双方各占50%股份，合资期限30年。这是中国加入世界贸易组织后批准的第一个汽车生产领域的合资项目，项目得到了中韩双方的大力支持和高度重视。从谈判到签约仅用了6个月，从签约到成立只用了5个月的时间，被称为汽车工业的奇迹。

投产以后，市场销售形势一直很好。2004年，汽车销售量为144090辆，2010年达到70万辆。为适应市场发展，企业生产规模急剧扩大。目前已经有两个分厂建成投产。公司提出的发展目标是：三年内产量达到世界前三，五年质量内达到世界前五，简称为"三三五五计划"。两个分厂已投产，目前正在兴建第三分厂。和大多数总装企业一样，企业分成总装、冲压、涂装、车身、发动机5个车间。

### （三）工人的基本结构

随着生产规模的扩大，职工人数也快速增长。2003年，职工人数为1600人，2004年增加到2400人，2011年员工总数达到9000多人。职工的平均年龄为25岁，工人的平均年龄23岁。40岁以上的老工人很少。年龄较大的工人基本上是2002年合资时从原来的国有企业转来的。当时的规定是，年龄在35岁以下的工人可以转到合资企业工作，而且男性和技术工人优先。这些老工人除了少数担任了中层干部，已经基本不在生产一线，转而从事二线和辅助工作。职工中女性的比例很小，仅占10%。她们基本都是职员和质检部门的工人。生产一线基本为男性。70%以上的工人有高中学历（包括中专和技校）学历，15%的工人拥有大专学历。工人中绝大多数来自北京郊区。2009年以前招收的工人基本都是城市户口。2009年以后在出现招工困难以后，开始招收农村户籍工人。到2011年，农村户籍工人比例为15%。除合同工外，公司大约有600多名实习生，他们在工厂结束实习后，95%都将留下转为合同工。还有少量的劳务工从事清洁等辅助性工作。如何对以青年男性、拥有高中或以上文化程度、北京户口为主的工人进行管理并有效实现控制，是管理者面临的问题。

## 三、H公司的人力资源管理和生产管理

### （一）H公司的人力资源管理

在对人力资源部的访谈中发现，在谈话中，被访者不断调查，我们所有的制度都是尊重法律，很多方面都高于法律规定的标准。反映在劳动合同、工人工资和福利方面，确实如此。其基本原则是：保持统一的、略高于法律规定的标准，并在此基础之上体现个人差异。

在工资和福利方面，从合资企业建立以来，为保持在劳动力市场上的竞争力，公司要求工人的工资和福利水平要在当地大型企业中保持较高水平。2010年，H公司工人每月平均工资为3015元。收入水平与企业所在地水平相比较高。工人收入的基本结构是：基本工资+补贴+奖金+加班费。基本工资按照工人、技术人员和管理人员分成不同的序列。工

人内部分成7个等级，蓝领工人的等级按照工龄长短定级。各级别之间差别不大。班组长为第7级，工资较普通工人更高一些。补贴包括日常的报刊补贴、交通补助等；按照岗位给予的补贴，如技术岗位的技术津贴，有毒有害工种的环境保障津贴。另外，还有作为福利的补贴，如住房补贴，即在住房公积金之外每人每月200元额外补助。奖金分成两部分，一部分按出勤率发放，类似于全勤奖；另一部分与工人的个人表现直接联系，分成"好"、"中"、"差"三个类别，每年评定一次。工人所定的类别由车间决定，人力资源部只负责监控过程和结果汇总。公司在年终还发年终奖。2010年由于销售形势非常好，公司给工人多发了9个月工资。这9个月公司以工人的基本工资为基数。在社会保险方面，除给工人上了"五险一金"外，公司还为工人购买了补充医疗保险。公司为工人提供免费的午餐和晚上的加餐。工作一定年限以后，购买本公司的汽车有程度不等的购车优惠。

在劳动合同方面，除实习生和劳务工外，工人都与企业签订了固定期限劳动合同，期限为2—3年。公司与少数老工人签订了无固定期合同。尽管人力资源部的管理者表示企业将按照劳动法规定与职工签订合同，但2010年的公司集体合同则写明，公司将与到工作年限的、表现好的工人签订无固定期合同。也就说，对于签订无固定期合同的工人是有选择的。情况在近1—2年出现变化，企业明显感到招工难的压力。尽管从数量上还有保证，但找到好工人的难度愈来愈大。招到并留住工人成为人力资源部的首要工作之一。71.3%的工人认为企业会与他们续签合同，只有不到5%的工人认为不会。

在对工人的培训和职业升迁方面，据人力资源部职员介绍，企业建立了严格的公司、车间、班组三级培训体系。新工人进厂以后，公司统一进行为期三天的安全和规章制度培训。工人分配到车间后，车间有基本技术和安全培训。在此以后，大多数岗位的工人就可以上岗，边工作，便学习。传统的"师傅带徒弟"的方式被认为依然有效。整个流程大约为一个月时间。对于少数技术含量较高的工序，需要3-6个月的培训时间。而调查显示，严格的培训制度并没有得到真正的执行，有时工人来了一天就上岗。多数岗位"看看就会了"。在车间一级，边工作、边学习的制度执行起来很不严格。

工人提升的途径有两条，一个是行政线路，从班长、总班长到车间主任；另一个是技术线路，即技师、高级技师的途径。班长一般管理30-40人，一个车间有5-6名班长，2名总班长。总班长之上的工段长，通常要求有大专或本科以上学历。因此，即使非常优秀的工人，往往只能坐到总班长的位置。在通过技术升迁的途径上，公司提供了几个技术改进的方向，工人可以根据自己的岗位和工种选择课题，通过帮助企业提高效益获得自己职务的提升。

实际上，对于工人来说，能够升到班长已经非常不容易了，走技术的通道更是难上加难。在回答"你认为你有晋升机会吗？"时，34.8%的工人认为"几乎没有"，15.9%的工人认为机会"很少"，20.5%的工人选择了"一般"，10.6%的工人认为"多"，仅有2.3%的工人认为"非常多"。

H公司所采用的管理方式，在制造业的大型生产型公司十分通行。即在工资和工作条件方面遵守或者高于法律标准；工人的固定工资和福利水平相差不大；按照法律规定支付社会保险；在劳动合同方面基本遵守规定。差别体现在对于个人业绩的年终评定、对于优秀工人的升迁通道的开放和仅与"表现好"的工人签订无固定期合同。这都表明在相当程度上的"个人化"管理特点。鼓励工人通过个人的良好表现求得更高的收入和提升。

（二）H公司的生产过程管理

和多数大型汽车制造企业一样，"精益生产"是生产管理的核心。精益生产的基本理念在H公司的生产管理中被改造为：以日本的生产的

"精益求精"为基础,加上韩国汽车企业和中国特点而成的"现场革新"。其基本原则是：将生产流程、工艺及所需要的时间、人力、财力最小化、最简单化、最人性化。H公司的"中国特色"主要表现在两个方面：一是市场的灵活化特点更加突出。二是一些岗位的自动化程度不高,使用人力较多。因此,为适应市场不断扩大生产并降低成本,严格的基层控制成为生产管理的特征。

H公司从建立到现在,正好是中国汽车产业大发展的10年。为满足不断增长的市场需求,公司的产量直线上升。特别是2010-2011年,被称为市场需求量的"井喷"时期。随着产量的快速上升,延长工作时间、提高生产线速度成为常态。

首先,工人的工作时间不断延长。调查显示,工人的周平均劳动时间为65小时。公司长期实行"两班倒"的轮班制度。工人分为AB两班,每班工作时间是11个小时。A班从早8点到晚8点,B班从晚8点到早8点。上午每工作两小时休息10分钟,中午午餐1个小时,下午2小时休息10分钟,5点钟加餐休息15分钟,然后持续工作到晚上8点。中午工人到公司的食堂就餐。晚上的加餐由食堂送到车间,吃完加餐后马上开始工作。工人通常每周工作6天。在最忙的时候工作6.5天,甚至7天。在问及为何不考虑增加一个班次的工人,实行每班8小时的"三班倒"时,一位班组长说：

"三班倒"一个是成本高,一个是风险大。如果效益也达不到,就涉及裁不裁员的问题。领导考虑得也是很全面的,也顾及到大家的休息和待遇。

其次,生产节奏不断加快。现代工业中所谓的"去技术化"特征,在汽车总装厂的绝大多数工位体现得非常清晰。由于工位不断细分,工人所做的都是简单重复的工作,因此对工人的技能水平要求不高。"是个人都能干",是工人对其简单技术的形象描述。从管理者的角度,也认为工作无需较多的技术,需要的是熟练程度和较快的节奏。

经过企业的"现场革新",每分钟下线的汽车从建厂之初的58辆,增加到现在的66辆。也就是说,不到1分钟就生产一辆汽车。长时间、快节奏的生产给工人造成的压力很大。36.9%的工人认为工作区人手不够,46.5%的工人反映在生产节奏加快时,车间不会增加工人。22.2%的工人抱怨说,他们从来或在多数时间跟不上生产线速度。一位青年工人说,在工作时,很有压力,特别是一踏进工厂门,整个人都压抑得不得了,有心理阴影了。在他们车间,都有人干活干着干哭的。

为适应大批量、快节奏的生产,在劳动过程中加强控制成为生产管理的主线。在实际运作上,对于工人的控制是由基层管理者来完成的。在人数接近万人的大企业中,工人和车间主任以上的管理者基本上没有交往的机会。工人与韩国管理者或技术人员接触很少。偶尔有韩国管理者下车间视察,他们会与工人打招呼,但互相都听不懂对方在说什么。很多工人表示,他们从来没有见过总经理。人力资源和生产部门的管理人员基本上不与工人直接打交道。和工人接触的最"高级"的管理者是车间主任,最直接的管理者是班组长。

最后,形同虚设的工人参与。"精益生产"强调的工人参与、团队工作等原则,仅在"制度"的层面上得到体现。生产和人力资源管理部门的管理者都详细论述了"合理化建议"活动作为企业贯彻"精益生产"和"现场革新"的主要方式在制度上的安排,并表示通过这样的方式,提高了工人的参与度和积极性。而对工人来讲,合理化建议很难说是提高积极性的因素。在实施合理化建议初期,正值企业生产刚刚开始,工人确实提了很多合理化建议,其中一些被采纳改进了生产,工人也因此获得了一些物质奖励。但随着时间的推移,工人逐渐对此失去兴趣。其原因是,在生产逐渐成熟以后,很难提出进一步的改进,另外,工人发现,他们提出的一些改进有可能增加工人的劳动强度。工人反映,所谓的工人参与很难在车间和班组的层面实现。"所有的事情都要听班长的",一位工人抱怨说。

## （三）生产管理的实际落实——班组管理

在H公司，由韩国的管理者出任生产管理部的部长，负责制定生产计划和流程。落实到具体的生产过程，则由中国的基层管理者负责。韩国管理方给了中国基层管理者很大的空间。用一位车间主任的话说："其实韩国人对生产只注重一个结果，具体怎么管理都是我们来。只要不违规就行。我们不触犯规则，只要在这个框架内怎么管理都行。"

在人事管理上，人力资源部负责制定制度，不参与直接的管理工作。在车间一级，对工人实行垂直管理。车间主任将管理的基本原则告诉总班长和班长。班组长有对工人批假、调岗、奖惩、年终测评等权利。在日常管理中，班组长每天早晚上下班前都要开班前会，班组长不时会上生产线巡查，工人们与管理层接触最多的是班组长。

如上所述，H公司平均一个班组有30-40个工人，最大的班组有65人。绝大多数班组长、总班长是从工人中提拔上来的。他们按照生产部门下达的生产指标完成任务、按照车间主任的指令管理工人。车间主任一级的管理者，相当一部分是从原来国有企业转来的老工人中提拔的。他们一方面接受了一些所谓"现代"管理思想。例如，不断地接受各种培训，多次到韩国参观学习。同时，车间主任等中层干部还保留了一些传统的方式来管理工人。例如，他们让工人称呼他们为"哥"、"叔"，而非主任等头衔。在工余时间帮助青年工人"相亲"，为工人主持婚礼等。

在生产过程中的管理是由班组长具体完成的。为按时按量生产，班组的管理方式往往简单，甚至粗暴。尽管公司一级的生产和人力资源部门以及车间主任，都强调对工人以教育为主，基本不用金钱处罚的方式。而在工人调查中，多数工人则认为，管理就是简单的"罚钱"。而且，是否处罚和处罚的数量和班组长的态度直接相关。

一位总装车间的工人说：这就得看班长仁义不了，班长说罚多少就罚多少。

一位涂装车间的工人说，一般小事情都是领导说说，教育一下；工作失误，不是故意的也不会罚钱，大事大错要处罚；有扣分，也有罚钱的；班里是扣分，个人也有分；关于罚钱方面，迟到早退要扣50块钱；有一次我被扣了50元，是因为我提前10分钟去吃饭了。

调查显示，超过一半的工人认为他们和班组长的利益不一致，班组长更多地代表管理方的利益。但工人不得不与班组长保持良好的个人关系。除了因为工作失误导致的金钱处罚由班组长决定外，还有很多直接涉及职工利益的事情，班组长有着直接的决定权。如在班组的范围内调换工作岗位、是否批准假期、年底评定分数以决定工资级别等都由班组长决定。

## 四、"中国特色"的工会

在H公司，工会设在党群办公室中。工会没有单独的机构，被称为"党委-工会"（CPC-TU）。按照合资时的协议，党群工作专职人员按全体职工0.2%的比例配备。目前有10个专职工作人员。除了党委书记、工会主席、团委书记有明确的职责范围外，其他人员没有明确分工。"有什么工作大家一起做"，工会干部这样解释。

工会的工作模式在企业的发展过程中也在变化。在合资企业建立之初，企业曾经派出大量工人到韩国的母公司学习。工人在学习技术之际，也看到了韩国工会的斗争。在2005年到2006年，曾经有多起小型的工人集体行动。为此，上级工会特地派了一位有合资企业工会工作经验的主席来H公司工会。经过几年的工作，建立了一套新的工作方法。即，将工会和促进企业发展、倡导企业文化结合起来。此举得到了韩国管理者的赞同。工会与管理方建立了良好关系。韩方总经理多次参加党群工作部举办的活动，如运动会、"五一表彰会"等。在调查期间，调查者看到所有党群工作部的人都在集中力量筹备"五四"表彰大会。除了"五一"、"五四"、运动会等大型活动外，工会还间或举办"乒乓球节"、"羽毛球节"和爬山等活动。访谈中，来自生产、人力资源部门的管理者、车间主任和工会干部都特别强调，我们是韩资企业，我们也知道韩国工会有很强的斗争性，但我们的工会是中国工会。与韩国不一样，我们的工会是帮助企业共同促进发展的。

尽管工会组织了大量的文体活动并为个别利益受损的工人争取权益，但工会在工人中的影响十分有限。集体合同已经签订了两次，98%的工人没有听说过集体合同，连工会的职员对合同内容也不清楚。工会的干部表示，由于企业效益较好，工人的工资和福利水平已经在当地位于较高水平，而长期加班和生产提速等是生产过程的事情，工会很难提出具体建议，只是希望企业能保障工人休息。

工人们普遍对工会表示不满。相当数量的青年工人表示"不知道工会是干什么的"，有的知道工会干什么的，但是又对工会"充满了批判"。

一名20岁的青年工人说：工会是骗人的，骗我们的钱（指会费），什么用都没有。也没见他们干过什么事。

一名在此工作了3年的总装车间工人说：工会其实就是个摆设，拿我们的钱，不给我们办事，根本都不管你工人的事。你说一个工人一个月10块，整个厂这么多人，收了这么多钱，给我们解决过什么问题吗？！

H公司的管理层注重建立企业文化，强调职业道德的重要性，并将此工作交给工会落实。受到韩国文化的影响，"尊重前辈和领导"，是尤其重要的原则。对于工人要求做到"爱岗尽责"，对于干部，要求做到"以身作则"。一名管理者强调："做事要先做人，管人要先管人品"。在公司的主路上，挂着"爱岗敬业、创新改革、机制转换、面向市场"的十六字经营方针。不仅有厂一级的企业理念，每个车间也有。如"勤奋、务实、友爱、和谐"、"正确的人做正确的事"、"第一次就把事情做对",等等。在问及工人对企业文化的感受时,38.9%以上的工人表示"无所谓",12.1%的人感到"有点反感",4.7%的工人觉得"厌恶",同时,有41.6%的工人表示"认同",2.7%的工人表示"非常认同"。尽管有看似较高的认同率,工人们在回答"认同"之后,总会加上一句"其实跟我也没什么关系"。

大多数工人没有对工厂产生"认同"的感情,觉得自己是来挣钱的、干活的,更谈不上有"以厂为家"的感觉。较老一代的工人表示,自己曾经对企业有一定的感情,但这种感情已经被过长时间的劳动销蚀了。在问卷调查中,对于"你对所在的企业有没有以厂为家的感情"一题,超过63%的工人认为没有或基本没有。一名工人说:

"我们天天在这地方呆12个小时,加上来回上班的时间,一天的大部分时间都奉献给厂里了,回家就睡个几个小时的觉。你说是家吗?这个厂不想是家也是家了!"

## 五、工人的应对及因素分析

从以上的分析看,工人存在着很多不满。管理方试图通过调整管理方式和建立企业文化以建立和谐劳动关系的政策收效不大,"中国特色"的工会让韩国管理者满意,却没有能代表工人的利益。面对不满,多数工人却没有选择公开的反对,而多选择了服从或退出。在对工人的问卷调查中,问及"当你对现有的工资和待遇不满时,你会找谁?"选择频次最高的两项分别是"跳槽"、"找上一级的上司",其次是"不找谁、忍着",选择频次最低的两个选项为"罢工"、"报纸和网络"。需要说明的是,这里工人所说的"上一级领导"指的是车间主任。他们认为,如果到车间一级解决不了,就只好"自认倒霉"了。

美国学者Silver指出，推动汽车资本流动和产业异地重建的主要动力是产业链工人谈判和斗争力量的增加。在资本从美洲、西欧转移到巴西、南非、韩国以及中国的过程中，不仅带来工资和工作条件的"向下竞争"，也造就了包括工人抗争、强大工人阶级等在内的社会矛盾的异地重建。在南海本田罢工以及在此期间在不同地区出现的汽车配件企业的工人罢工以后，一些学者认为在中国，也可能出现同样的情况。调查中，特地问询工人对于包括南海工人罢工等时事新闻的关注程度，近50%的工人表示关注和比较关注。在进一步的访谈中，当请工人详细谈谈对南海本田罢工事件的看法时，大多数工人表示"只是知道，具体情况没有了解过。这跟我也没什么关系"。多数工人把南海汽车工人罢工事件仅仅视为一个普通的新闻事件，没有什么特别的意义。与通过罢工等集体行动的方式争取自己的权益相比，更多的工人选择"退出"。工人对于续签劳动合同的态度不积极。当问及工人"合同到期后，你想不想继续留在这家企业？"不少工人矛盾犹豫，20.8%回答"还没决定、不清楚"，29.6%的工人坚定表示"不想"，有49.6%的工人想留在公司。不愿意留下和表示犹豫的工人以青年工人为主。当问到，"以现在的工作状况，你觉得你可以做到40岁吗？"时，63.8%的工人的回答是否定的。去其他企业，如4S店，或自己创业，都可能是"退出"后的选择。在访谈中，工人们特别强调，局部的、小型的罢工很难改变现状。而大型的罢工一方面难以组织，一方面可能付出的代价很大。

但从上面的分析看出，尽管工人对工作条件、生产管理方式、工会组织的作用有很多不满和抱怨，但其行动选择并未指向"积极的"抗争和显著的阶级意识。就目前调查的情况看，工人的应对方式相对消极。多个因素影响了工人的应对态度，以下从管理方式和产业特点的角度加以分析。

第一，现代企业管理的个人化的管理方式，在相当的程度上分散了工人的集体利益，将劳动关系个人化和基层化。"个人化"表现在：首先，绩效和加班工资的个人化。工人的基本工资以工龄为基础划分为不同的级别，所有工人的基本工资都不高，较高的工资来自于加班生产。于是出现了这样的情况：所有的工人都抱怨加班，但绝大多数工人都不得不为较高收入加班工作。其次，对于工人在生产过程中的控制基本是个人化的。班组长有处罚犯错误工人的权利，有在年终时给工人评分的权利。同时，企业开放了工人向上流动的通道。让优秀的工人获得晋升的机会。尽管通道狭窄，但依然有工人希望通过个人努力获得提升。处罚和提升的双向的个人化控制，使得工人难以形成团结的力量。尽管H企业工人的同质性很高，又在易于产生团结和阶级的"福特"生产方式下工作。但企业采用的管理和控制方式，降低了工人团结的可能性。

第二，管理和控制的权力下放，导致了劳资矛盾的"基层化"。在H公司，和工人直接接触的最"高级"的管理者是车间主任，最直接的管理者是班组长。企业对工人的管理和控制，核心在车间班组长一级。车间在制定惩罚、奖赏、请假等规章制度具有广泛的权利，班组长一级有批准假期、个人业绩评价、奖惩等权力。工人在请假、年终评定、绩效考核、升迁等方面对班组长有直接的依赖关系。而且，管理部门制定的规章在实际操作中，车间和班组还是有很大的权力空间。班组长对工人的管理则不完全依赖于管理条例，而是依赖于人缘、与工人的非正式关系。在相当程度上的"私人化"的、趋向于底层管理的特点，使得一部分工人将不满集中于班组长和车间主任等中低层管理人员，劳资矛盾往往琐碎为个人矛盾。一旦出现矛盾，工人多选择"忍耐"或"退出"。

第三，汽车总装厂的工作条件高于现阶段中国工人一般的斗争目标-争取法律规定的工作条件。从目前已经出现的较大规模的工人集体行动来看，工人要求的基本是法律规定的底线，如按时支付工资和按照法律规定加班工资等。而汽车总装企业工人的工作条件相对较好。由于中国汽车总装产业以合资为主要模式，大型汽车总装企业往往引进国外母公司的完整技术。除在汽车外形上加以改观以适应国内市场外，其余部分通常是照抄国外成型技术。"全盘"的引进在一定程度上提高了利润空间。在包括H企业在内的多家大型汽车总装企业，能够保障或者提供高于法律规定的工作条件，工资水平在当地较高，按照规定支付加班工资和社会保险，遵守有关劳动合同的法律规定。像H公司，还为工人建立补充保险、提供打折购车机会等。而中国的汽车零配件企业的利润较低，对工人的苛刻程度较为严重，往往致使工人的工作条件达不到法律规定的标准，可能导致工人类似南海本田汽配工人的集体行动。

第四，H企业工人的个人特点，也使得其较多地选择"退出"或"服从"的方式。如上所述，在汽车总装企业的大多数工人为具有高中学历的青年男性，在劳动力市场有一定的竞争力。很多工人将在H企业工作的经历作为职业生涯的一个阶段，极少有人将汽车厂的工作视为终身职业。很多人来H企业工作，是希望积累经验或者积累一些资金。而且，工人在企业中的向上流动空间极为有限，多数人没有长期的职业规划。职业规划的短期性，使工人非常容易选择"跳槽"以解决不满。在访谈中，不少工人认为，尽管企业存在很多问题，他们也有许多不满，但还是愿意选择服从。因为大型合资企业的工作经历，将对他们今后的职业发展有益。于是，不少工人选择了"不找谁、忍着"。其前提是，他们可能随时离开。

除了上述产业特点、管理方面和工人个人的因素外，还有地方政府的干预力度，也影响了工人的应对方式。汽车产业在国家的层面被视为国民经济的支柱产业。地方政府往往对于汽车总装企业非常重视，将之作为地方税收、带动下游产业、吸纳劳动力的产业。H企业从建立到以后发展的10年中，地方政府的支持力度非常之大。加之地处北京，在政治上维护稳定的压力使得企业管理者更关注稳定问题。H公司的管理层和工人强烈意识到H厂在地方政府强有力的统辖之下。"维稳和生产一样重要,"一位车间管理者表示。"何必吃力不讨好呢,"一位工人这样说。在一定程度上,服从或者退出是工人基于政治压力不得已而为之的应对方式。

# 德国和中国劳动关系的变化

# 德国集体工资谈判制度及其对中国的启示

[德] 沃尔夫冈·多伊普勒❶

德国劳资谈判的主体通常为工会与雇主联合会。极少情况下,工会也与单个企业展开谈判,某些情况下企业职工委员会也起到重要作用。德国劳资谈判的法律、经济、政治框架是如何构建而成的?德国的经验能否为中国所用?

## 一、德国集体工资谈判流程

### 1. 基本框架

与许多其他法规相反的是,德国法律并未规定劳资集体谈判的具体流程。谈判双方有权自主决定他们是否、何时以及就哪些问题展开谈判。正如签署一份私有住房或大宗股票合同一样:如果立法者规定了谈判义务与谈判方式,当事人会觉得受到完全不必要的约束。但这并不意味着无须遵循处理法律事务的基本原则。故意欺骗谈判对手是绝对不允许的。

由于雇员一方相对弱势,雇主方并不会主动要求进行劳资谈判。在

---

❶ 德国不莱梅大学教授,博士。

这种情况下，工会可威胁组织合法罢工。但罢工合法的前提是，启动谈判的尝试已经失败，例如双方完全无法会面，或分歧过大，完全不可调和。❶与美国不同的是，德国并未规定"真诚谈判义务"，因为人们认为无法真正检验谈判双方是否真诚可信。在实践中，德国的雇主方知道工会有能力号召罢工，因此通常努力避免这种局面的发生，并在工会还未明确威胁组织罢工时展开谈判。当然，罢工是一个重要的"后手"，不必明说，大家都意会。

2. 准备谈判

通常，劳资谈判的目的是为雇员争取更高工资与更好的劳动条件，这就要求雇员一方能提出雇主方无法置之不理的论据。因此必须大量掌握企业、行业经济状况与国民经济框架条件方面的信息。

只有在此基础上，才能真正应用三个"经典"论据。这三个论据通常能够影响劳资谈判中对工资的确定：

1) **通货膨胀**导致购买力下降，因此有必要提高工资。为维持实际工资水平，必须将工资提高X%。

2) 自上次缔结劳资协议或单独制定工资标准以来，**企业生产力**显著提高。因此必须在平衡通货膨胀影响的基础之上，提高工资，使职工分享生产力提高带来的利益。

3) 利润增长仅给雇主带来利益。工会有权利要求将一部分利润分配给雇员，即对利润进行"**再分配**"。

**通货膨胀程度可参见**官方**统计数据**。需要注意的是，统计中使用了哪些"一篮子商品"。例如德国引入欧元后，餐饮业中的某些价格增长率高达100%，却并未在统计数据中体现出来。这是因为，统计中未考虑餐饮业的食品价格。所以科研机构公布的数据与联邦统计局的"官方"数

---

❶ 联邦劳动法院判决，《企业》，(1988) 第1952页；《劳动法新刊》，(1988) 第846页。

据并不相同。雇员可以对两者进行比较，但只能在专家协助下进行。地区性劳资协议的优势之一在于，工会作为一个跨企业组织，拥有大量熟知这些问题的专业职工。而仅在单个企业层面上展开谈判时，很难确保雇员拥有必要的**专业知识**。

至于**生产力**方面的信息，雇员可以从**学术出版物**、经济类报刊中了解相关行业的发展状况。德国在这方面提供了非常良好的条件，德国工会联合会经济社会科学研究所的研究结果也可作为补充。另外，工会委员会中有许多企业职工委员会非常了解其企业的经济与劳动组织状况，他们能够帮助雇员更加客观地估计企业生产力的增长状况。

衡量企业盈利通常非常困难。资产负债表的说服力非常有限，因为其中的一些数据是非常主观的估算值。如银行相对于某一企业的债权是全部还是50%，取决于其对债务人经济状况的评估。这种评估可以是积极的也可以是消极的，但两种评估没有对错之分。按照银行评估的不同，企业盈利额也可高可低。即使对某些国家的评估也没有确切结论，当前就希腊、葡萄牙及爱尔兰主权债务评估进行的讨论已表明这一点。对商品库存市值的确定通常也取决于主观推断。此过程同样需要专家协助。商定行业劳资协议比商定大量企业劳资协议更易获得专家协助。

如果谈判内容不是提高报酬而是**岗位评估**，谈判耗费的成本将高出数倍。例如1988年，德国化工业制订了工人（蓝领）与职员（白领）的评估准则，该谈判持续了五年之久。在这种谈判中，主要由劳动学研究者提供咨询建议，因为他们是劳动组织研究方面的专家。

3. **工会意志的形成**

搜集提高工资或争取岗位合理评估方面的论据是劳资谈判的必要前提。这些论据不应局限于专家小组内部，而应该向所有工会会员公布。这是因为工会会员必须准备好在必要情况下暂停工作，争取达成劳资协议。而且工会会员及其代表也可能对劳资谈判中向雇主方提出的要求有一定想法。

在德国工会的组织结构中，最基层的组织是"**地区管理委员会**"。该委员会设有"理事会"，主要由工会会员或会员代表选举产生。理事会由1至5名名誉委员组成，负责选出工会的专职工作人员。这些职员与工会具有劳动关系。他们拥有丰富的知识与经验，在工会意志形成中起着重要作用。

更高一级的组织是"**州立委员会**"，通常（也有例外）设置在某个联邦州中。它同样也设有理事会，通常由代表大会选举产生。其成员通常为专职人员。

第三级组织是全国性组织：每个工会设有一个"**联邦理事会**"，代表联邦德国内的所有会员，由"**工会代表大会**"选举产生。代表大会每两年、三年或四年举行一次，由工会会员选举出的代表组成。代表大会几乎等同于工会的"议会"，负责决定工会的议题与今后几年的工作目标，并写入行动纲领。联邦理事会也被称为"大理事会"。该理事会通常一分为二：大理事会本身由20至60名会员组成，每年举行数次会议。"**常务理事会**"由3至7名专职会员组成，他们是该组织的实际决策中心，同时也负责在公开场合中就与工会相关的重要问题表态。

工会展开劳资谈判时，将设立所谓的劳资委员会作为补充。在区域层面上进行谈判时，便在该区域设立劳资委员会；讨论联邦范围内的劳资标准时，就设立"联邦劳资委员会"。劳资谈判仅限于一家企业时，就在基层地区层面上设立劳资委员会。

劳资委员会一方面由专职工作人员组成，另一方面由**企业职工委员会成员**组成，后者同时也是工会会员。他们通常代表大多数人，有责任将他们在企业中了解到的期待与"民意"带到劳资谈判中。实际上，他们的**作用非常重要**。如果他们认为企业中无人真正想要罢工，就会提出比较克制的要求，并采取较为妥协的谈判态度。但如果他们认为企业中

"士气高涨",职工要求工资至少上涨10%,并希望举行罢工,他们就会提出较高要求,并采取比较强硬的谈判态度。实际上,他们这种估计只能在有限范围内得到验证。根据他们对政治与经济的基本态度,可以对工会内部的意愿形成进行不同方向引导。

劳资委员会决定提出哪些**劳资要求**,这对谈判的进展也起到了重要作用。通常他们的决定只作为一种建议,但各州与联邦层面上的理事会不会忽略他们投票作出的决定。在公司劳资谈判中,来自相关企业的企业职工委员会起到了关键作用,所以,掌握决定权的(我们可以说:其实)是劳资委员会。

之后,劳资谈判由"谈判委员会"主持进行。该委员会通常由2至5名成员组成,并设有一名"发言人"或"谈判负责人"。一般情况下,该委员会成员同时也是劳资委员会成员。在重要谈判中,州立理事会、联邦理事会或其中的一些成员承担这一角色。谈判委员会一般以工会发言人的身份出现在公共场合。其中一些人的知名度远远超出了工会范围,因为他们频繁出现在广播电视中,并反复被新闻媒体提到。

**4. 具体谈判**

(1) 开始

**通常情况下**,相关行业或企业中**已签署了**劳资协议。为修改协议进行劳资谈判的前提是现行劳资协议已声明解除。通常情况下,劳资薪酬标准的有效期为一至两年,于一年(或一年半、两年)后声明解除。因此,**解除声明**非常重要,只有当劳资协议失效后才能举行合法罢工。这意味着,虽然双方在该声明前或协议解除前已经可以自愿展开谈判,但基础是雇主方自愿。如果**还未签署劳资协议**,可以随时要求雇主方举行谈判。如果其拒绝谈判,雇员就有可能罢工。

劳资谈判开始时,通常首先由工会提出诉求。重要行业的工会也可在公开场合提出诉求。工会内部通过讨论,尤其是通过劳资委员会投票决定提出哪些要求。工资诉求方面已形成了不同的"模式"。

(2)诉求模式

工会要求将现行工资**提高**(例如)6%。这意味着当前收入较高者从中获益最大。因为这对于工资为1000欧元的雇员意味着每月增加60欧元的收入,对于工资为4000欧元的雇员则意味着每月增加240欧元的收入。在该模式中"工资差距"(正如经济学家所说)会不断加大。

相反模式是要求所有雇员工资统一上涨**一定数额**。若工会要求将工资提高200欧元,即意味着月收入1000欧元的雇员工资上涨20%,而月收入4000欧元的雇员工资仅上涨5%。

实践中最常见的是**组合模式**:即谈判决定将工资提高一定百分比,但增加数额不低于80欧元。这一最低数额也被称为"**基本数额**"。这种模式的最大受益者是低收入者。

近年来,劳资谈判经常决定"**一次性支付**",例如500欧元。这种模式的缺点是,其带来的仅是一次性的暂时效果。其他模式的工资增长将计入定期支付的报酬中,尤其会在下一轮劳资谈判中作为工资增长率的计算基础。每当新的劳资协议在时间上无法与旧协议衔接时,例如新旧协议之间存在三个月"零增长"的空当,就会使用"一次性支付"这种方式填补这一空当。这种模式很符合雇主诉求。此外,雇主通常还希望工资成比例增长针对的不仅仅是一年,而是一年半或两年。"**两年增加5%**"意味着每年增加2.5%。另一方面,工会也很愿意在其会员面前展示一个看起来非常成功的"5%的结果"(通胀率为1%时)。

(3)谈判策略

各成员在劳资谈判中的行为方式完全不同:这取决于他们的人格特性、与对手的关系以及是否掌握一定的谈判理论,例如所谓的哈佛模式。❶(几乎)所有谈判都会遵循下面两个原则。

---

❶ 更多举例,参见多伊普勒(Däubler),2003:《谈判与组织》,慕尼黑。

其一，工会提出的要求远远高于其真实诉求，以此预留一定的妥协余地。这对雇主一方的谈判代表也有利：他们能向协会会员企业表明，他们成功拒绝了工会提出的出格要求。

其二，谈判持续时间可长达**数周或数月**。这不能被理解为双方谈判代表长时间无法达成一致。而更多的是，因为他们需要向其组织表明，他们不惜付出一切努力为本方争取更多利益。如果双方仅用一天时间便达成一致，工会会员就会说，"其实还能争取更多利益"，而企业会指责不应这么快同意让步，本来工资增长率会稍小一些。通常劳资谈判**决定性阶段**的会议会持续至深夜。曾经有过双方筋疲力尽的谈判代表清晨六点钟在电视摄像机前宣布，他们已于半小时之内达成一致。

除上述两个因素之外，对劳资谈判过程很难再作出更具普遍性的描述。可以想见谈判双方就本行业或企业的实际经济状况争论不休，各方聘请的**专家**为他们的观点提供理论依据。也有可能双方发言时间都很长，内容却很贫乏。双方也有可能在正式谈判之外的场合达成一致，例如散步时或**喝酒**时。但前提是各方谈判代表能够设身处地考虑对方立场。如果双方谈判代表间存在个人恩怨或互不相容，就无法实现这一结果。虽然在其他场合可能达成一致，但不能因此觉得"喝一杯酒"就很容易达成一致。更多的是因为雇员和企业都开始失去耐心，期望达成最终结果，才有可能通过这种方式达成一致。

（4）**达成一致**

谈判委员会的谈判结果，必须获得工会及雇主协会中**掌握决定权的委员会的批准**。通常先由劳资委员会投票表决。然后各州或联邦层面上的理事会最终决定是否批准该结果。委员会每100次中至少有99次会批准谈判结果，尤其是谈判委员会在签署暂时谈判结果并公之于众之前，通常会先征求理事会中决定性人物的同意。

双方谈判委员会达成的**一致结果**通常会**落实到具体的文字上面**，如确定现行劳资协议作"如下"修改，并将新拟好的劳资协议文本呈交给决策委员会及各自组织的成员。如果谈判内容非常繁琐，法律方面的条款也很复杂，双方就对协议内容达成一致，并委托编辑委员会草拟协议。例如2005年签署的公共服务劳资协议（缩写为TvöD）就如一部中等规模的法典。

《劳资协议法》第1条第2点规定，**劳资协议**必须以书面形式确定下来。双方必须分别委托一名代表签署劳资协议。由于协议内容涉及大量的劳动关系，因此应该写明在具体情况下适用哪些具体规定，便于每位成员理解。双方协会通常会以小册子的形式公布重要的劳资协议内容。

上文介绍的劳资谈判仅为**正常情况**，即通常无需调解组织介入或明确威胁罢工便可达成一致，这是在产生重大分歧（大型行业、公众的重要利益）时两种重要的冲突解决方式。下文将对此进行阐述。

### 5. 调解

与魏玛时期不同的是，针对德国的劳资协议法律并未规定国家必须实行强制调解，因为这将违背《基本法》第9条第3款中规定的结社自由权与劳资自治权，导致就包括工资数额在内的劳动与经济条件作出最终决定的不是劳资谈判双方，而是其他主管部门。一些联邦州在"二战"后被占领时期颁布的类似法律都被视为违反宪法。现在仅存自愿调解这一形式。

#### （1）依据协议自愿调解

多数行业中的社会对手之间都签署了调解协议。协议规定，可由双方共同或一方单独要求成立调解委员会，以避免在谈判失败的情况下爆发罢工。也可在产生其他分歧时，例如在企业层面上引入这一程序。即使谈判双方已发生冲突，也可一致同意启动调解程序。

**调解协议**具有劳资协议的法律本质。它规定了谁有权启动调解程序。如果只允许双方共同启动该程序，则没有问题。但如果仅一方享有该权利，就会产生问题，即另一方是否有权逃避程序还是必须参与该程序。鉴于该程序具有自愿性质，调解协议必须明确规定参与义务；否则另一方就有权自由决定是否参与该程序。

启动调解程序的前提是**劳资谈判已经失败**。如由一方宣布谈判失败，并声明继续谈判已无意义。多数情况下，谈判失败后的一定期限内，例如一周内可以启动调解程序。

第一步是"**求助**"于调解**委员会**。调解协议中规定了委员会的人员构成。谈判双方应派出相同数量的代表（两至四人）组成委员会。通常情况下，还要指定**一人担任委员会主席**。通常都是从公共领域中挑选双方能够接受的人选，例如前任部长、高级法官或知名教授。某些调解协议中还列举了候选人员名单，其中一部分偏向于雇员，另一部分偏向于雇主方。这些情况下还应确定调解人可供选择的顺序。这种"单个调解模式"有两个例外情况。

化工业的调解委员会中未设业外人士担任的主席职位。谈判双方派出同等数量的代表组成委员会。资方与劳方轮流派代表主持会议。

五金行业的调解委员会设有**两名主席**。一名由工会指定，另一名由雇主协会指定。但两者中只有一名享有表决权。当双方无法就谁拥有表决权达成一致时，就抽签决定。

调解委员会会议的实质内容是**继续谈判**。调解人努力使双方达成一致，例如建议将工资增长率定在较高水平，但将协议期限延长为两年。若其努力有效，双方就会作出统一决定，该决定具有劳资协议的法律本质。若双方未达成一致，就只能由调解人作出"调解决定"，并投票表决。票权较多一方有权随时否决该决定，实践中也经常这么做。因此调解决定**并无较大的法律意义**。调解决定被否决后，调解程序也随之终止。

调解协议规定了是否允许**在调解程序进行的同时组织罢工**。罢工当然不能被绝对禁止，而且鉴于《基本法》第9条第3点中对罢工权的保障，限制该基本权利必须明文规定。实践中确实有可能**明确禁止罢**

工。但五金行业的调解协议规定，劳资协议失效后的和平义务时限仅为四周。若四周后调解程序仍未结束，雇员就有权同时组织罢工。

其他重要行业中都制定了调解协议，并充分利用该机制。这是因为**所有相关人都希望尽量避免爆发罢工**，这是因为传统上德国一直将罢工视为"违规"行为，工会也不愿背离这一传统。而且还要考虑**公众**的态度。当五金行业或铁路、航空、幼儿园等服务业宣布罢工时，罢工者必须向公众摆出具有说服力的理由，并证明完全没有和解可能，公众才可能接受罢工。在这种情况下，如果某组织拒绝了调解程序，就会被指责错过了和解机会，因而遭到媒体"恶评"。如果工会是"过错方"，那么无法避免的罢工就会遭到激烈抨击。但如果雇主是过错方，罢工者就会在社会中得到同情与支持。另外，调解程序还有延长冲突时间的作用，从而使双方都出现"疲惫状态"。四周后也许双方都宁愿同意达成一致，接受谈判开始时不可能接受的条件。

（2）自愿接受国家调解

为全面介绍调解程序，还应提及国家调解：基于1946年管制委员会第35号决议，国家也可以主导调解程序。只有双方共同决定接受国家调解时，才能启动该程序。若双方无法达成一致，调解委员会也会作出调解决定，但并不强迫双方接受该决定。启动该程序介入劳资谈判的前提是，谈判双方间不存在调解协议。该程序在实践中意义甚微。例如1988年至1995年间共签署了60000份劳资协议，其中只启动过50次国家调解程序。❶

## 6. 劳动斗争

与其他市场经济国家一样，在德国能够进行劳资谈判，是因为背后有罢工的可能。如联邦劳动法院曾指出，没有罢工，劳资谈判就不啻为

---

❶ 参见勒维施（Löwisch）主编，1997：《劳动斗争与调解法》，海德堡，第458页。

"集体乞讨"。❶只有在允许罢工的前提下,工会才能与雇主方平等谈判。

按照联邦劳动法庭的判决,允许罢工的前提是以达致**劳资协议目标为目的**。当罢工针对的是工资结构与数额时,当然允许罢工。但不能针对现行的劳资协议举行罢工。只有当该协议已解除,且解除期限已过时,工会才能号召合法罢工。通常会考虑两种罢工方式。

直到上世纪80年代还在使用的**传统的罢工方式**是在谈判失败后才使用劳动斗争手段。第一步通常是所谓的**意见征询**:即询问所有工会会员是否已准备好为提出的要求开始罢工。五金行业工会章程规定,只有当辖区中75%以上的被询问会员表示同意,才能开始罢工。其他工会则要求同意比例为50.1%,之后才能停止工作。当然罢工同时还抱有一丝期望:也许雇主方会因为90%的雇员同意罢工而愿意作出妥协。如果未实现该期望,罢工会持续一两周,甚至六周之久,直到双方最终达成一致。

罢工期间,工会向罢工者支付**罢工补助**,数额为其净工资的2/3到90%不等。虽然**非工会会员**也能参与罢工,但却无权获得罢工补助,因为支付津贴的前提是加入工会时间已超过3个月。据悉这一规定经常导致雇员临时加入工会,并补缴3个月会费。当然毋庸置疑的是,罢工必然导致工会会员人数的增长。

若罢工迫使双方达成和解,必须就是否接受谈判结果还是继续罢工**再次征询意见**。极少情况下会由于工会会员要求而必须继续罢工。通常工会将接受雇主作出的妥协。五金行业工会中的情况比较复杂,因为继续罢工的前提是要有75%以上的会员表示同意。70年代中曾经发生过工会联合会理事会签署的劳资谈判结果并未获得多数通过,但继续罢工要求的75%的比例也未达到,❷这种情况下将维持原有谈判结果。除这种罕

---

❶ 联邦劳动法院判决,《劳动法实践》,第64号,关于基本法第9条"劳动斗争"。

❷ 参见多伊普勒(Däubler),2006:《劳动法(第1卷)》第16版,赖因贝克,第186页,注释132中提到,第二次征询意见时仅有26%的会员赞成谈判结果,52.2%表示反对。

见情况外，意见征询机制一直是实现**工会会员参与**的重要形式。对工会领导层来说，了解多数会员在具体问题上的意见具有重要意义。

雇主方也可能对这种罢工采取**禁止罢工参与者进厂的政策**。劳动斗争也可能涉及职工并未参与工会罢工的劳资领域企业。只要被禁止进厂人员是工会会员，就能获得罢工补助。由于近年来实践中从未实行过禁止进厂政策，此处不再详细介绍相关内容。[1]

上世纪90年代以来，**警告性罢工**成为劳动斗争的**主要形式**。[2]警告性罢工开始于**劳资谈判期间**，持续时间从**一小时到一整天不等**。警告性罢工明确表明工会有能力组织更长时间的罢工，以此对雇主方施压。按工会章程规定，由于警告性罢工时间较短，无须征询会员意见，同时也不支付罢工补助，因为对所有雇员来说，一天的工资损失是可以承受的。警告性罢工通常还伴随着**宣传与抗议活动**。通过这种方式，能够让公众对工会提出的要求获得直观感受。

雇主方更愿意在谈判中，最迟在调解程序中与工会方达成一致结果。由于大型罢工活动后也必须作出妥协，所以**早在罢工前**实现类似解决方案**更为合理**。工会方也不愿意造成激烈冲突：由于同行业众多企业间的紧密联系，激烈冲突会导致未罢工企业也无法继续工作。其职工既无法从雇主处得到工资，也无法获得国家津贴。**工会也无财力向其支付罢工补助**，因此这些职工会不断向工会施压。但罢工时间仅为几个小时的情况下不用担心造成这种结果。

虽然目前最为常见的是警告性罢工，但也不排除**个别情况下会使用意见征询与长时间罢工等传统模式**。在过去十年中，专业工会，尤其是火车司机或医生工会中经常使用这种模式。由于飞行员或空管人员罢工

---

[1] 解雇政策详情，参见多伊普勒主编，2011：《劳动斗争法》第3版，巴登-巴登，第21章，注释1。

[2] 参见莱勒贝尔格（Renneberg），2005：《将来的劳动斗争？服务领域的劳动条件与冲突？》，汉堡，第215页。

一天就会造成严重影响，因此该行业中进行警告性罢工会实现与其他领域中长时间罢工类似的效果。在德国工会联合会下属工会中，警告性罢工占据了绝对重要的位置。2009年发生的幼师罢工与零售业罢工是个例外情况。当时零售业中的雇主方从企业外雇佣了众多工贼：由于许多岗位的工作易于掌握，这也是可供雇主选择的一种应对方式。但工会从未认识到，国际劳工组织已将雇佣工贼视为违法干涉结社自由权的行为。❶

与其他工业国家不同的是，**联邦德国的罢工频率很低**，仅高于奥地利与瑞士。

国际劳工组织与欧洲委员会统计局的统计标准是每1000名职工一年中因罢工损失的工作天数，❷若每人罢工1天，则共计罢工1000天。2004年至2007年的平均数值中，加拿大罢工182天位居第一，西班牙罢工101天与芬兰罢工93天分别居于第二与第三。意大利罢工41天，丹麦罢工29天，罗马尼亚罢工22天。德国仅罢工6天，瑞士罢工3天，奥地利在这段时间中完全未发生罢工。工会相关的科学家指出，联邦劳工局的官方统计数据仅证实了持续一天以上的罢工数量，因而公布了另一份将警告性罢工也纳入其中的统计数据。根据他们的计算，德国罢工天数增加至19天，但仍然远远低于几乎其他所有国家。早些年间的情况也无不同。❸这也证实了上文的判断，即通常最后才会采取罢工这一手段。

---

❶ 证明，参见多伊普勒主编，2011：《劳动斗争法》第3版，巴登—巴登，第10章，注释93。

❷ 此处与下文，参见汉斯贝克勒基金会经济与社会科学研究所，2010：《经济与社会科学研究所劳资手册》，第150页。

❸ 证明，参见多伊普勒主编，2011：《劳动斗争法》第3版，巴登—巴登，第8章，注释30。

## 二、对中国工资集体协商的思考

### 1. 德国制度能否照搬至中国?

有些研究者可能会由此得出结论：有必要在中国构建与德国相同的劳资谈判制度。我们必须坚决反对这一观点。

劳动法的根源深植于国家传统。它源于历史上发生的、与其他国家不同的争论。企业固定职工和雇主对于企业以及社会如何良好运行有着各自独特的视角，而其他国家企业、社会的运行机制则可能完全不同。法律在不同国家的重要性也大相径庭。当一些国家倾向于用法律解决大部分问题时，另外一些国家却极少运用法律手段，而是依照不成文的惯例解决多数争端。政治环境也各不相同。仅这些关键词已表明，劳动法中的法律制度并不能简单地移植到另一个国家。例如试图将德国企业职工委员会"出口"到非洲的试验已经失败。非洲虽然建立了与德国非常相似的法律规范，但并未严格执行。❶

但研究国外制度仍然很有意义，可以从中找出解决问题的思路以及能够为本国所用的经验。❷那么德国劳资谈判概述对我们有何启示？笔者将在下文中就此予以详述。

### 2. 职工拥有平等机会的工资协商

#### （1）以雇员利益为导向

只有当雇员一方也成立一个以职工利益为导向的组织时，才有可能实

---

❶ 霍兰德（Höland）等主编，2005：《雇员在全球化职业世界中的参与作用——曼弗雷德·魏斯（Manfred Weiss）纪念文集》，柏林，第451页。

❷ 多伊普勒（Däubler）：《全球化世界中的德国劳动法律师》，见埃尔德、法比安（Erd/Fabian）等主编，2009：《劳动法激情，不安分一代的经验——托马斯·布兰克（Thomas Blanke）纪念文集》，巴登-巴登，第111页。

现公平的工资协商。仅在工会法或工会章程中确立工资协商的地位是不够的。我们还必须在实践中构建一个能够作为行为准则的体制。"以雇员利益为导向"并不意味雇员利益绝对至上，且完全忽视公众利益。一个优秀的谈判者必须能够时刻站在对手的立场上，考虑对方的压力与选择余地。

在市场经济中，以职工利益为导向的组织是不可或缺的。与计划经济体制不同的是，市场经济中的企业被迫投入尽可能少的资金和其他成本，实现尽可能高的经济产值。换言之：竞争压力迫使企业尽量控制工资成本。因此，企业家与经理支付给职工低工资通常并非源于他们主观恶意。❶只有当职工中的反作用力充分释放，并且不单在单个企业层面上，而是在整个行业或经济体的层面上对这一反作用力加以协调，我们才有可能实现"让步"。因此，下文主要针对的是国内外的私有企业，而非遵循其他运行准则的国有企业。

（2）**不参与管理**

如果工会中最重要的负责人同时也是企业管理层人员，就无法以职工的利益为导向。主要并非因为该负责人的工资通常远远高于他所代表的群体，且人们必须遵循"（经济）存在决定意识"这一古老准则，而是因为他参与制定的决策，恰恰可能是职工反对的。虽然有时情况并不如此，但他也不愿成为反对派的领导者，进而影响他与其他管理者间的私人关系。这里我们也必须遵循一个原则，即企业工会与其他工会一样，必须完全独立于对手。要实现工会利益代表组织与管理层的相互独立，最简单的方式是通过一定方式规范利益代表者的收入（例如限定其工资仅为企业平均工资的1.5倍），并由工会委员会现有成员自行表决，是接受该条件，还是选择长期参与管理层工作。

---

❶ 有兴趣的，可参见马克思、恩格斯（Marx/Engels）：《神圣家族——马克思、恩格斯著作》，（德文版）第2卷，第37页："有产阶级和无产阶级同是人的自我异化"。也可参见艾昂斯特·布洛赫（Ernst Bloch），1972：《自然权利和人类的尊严》，莱茵河畔法兰克福，第178页。

（3）定期选举

有效代表职工利益的前提条件还包括定期选举职工中的"发言人"与"代表"。管理层成员不能成为候选人。选举必须秘密进行，并尽量不受第三方影响。只有这样，才可能确保当选者是致力于有效维护职工利益的人。但遵循这一原则通常并不容易，例如联邦德国举行工会内部选举的经验表明，来自高层的"建议"通常会起十分重要的作用。但是企业职工委员会的选举有所不同，《企业组织法》第119条第1款第1点规定，雇主如果向某一特定候选人群提供物质或精神支持，将会受到惩罚。

（4）个人的法律地位

选举产生的职工发言人必须获得保障，不用担心在与管理层陷入对立状态时，遭受个人损失。该保障的前提是解雇保护与调职保护。

德国企业职工委员会的规章中规定，解雇一名企业职工委员会成员的基本前提为，该成员严重违背其劳动合同中规定的职责，并且企业职工委员会同意解雇。[1]若该成员拒绝被解雇，雇主可向劳动法庭起诉，并由后者裁决被解雇者是否确实存在严重的渎职行为。劳动法庭诉讼程序（若经过两次审理）通常持续一年或一年半。在此期间，因为解雇决定尚未生效，企业职工委员会成员可继续工作。该全面解雇保护的唯一例外情况是，整个企业被关闭，或该企业职工委员会成员就职的企业部门被关闭，且该成员不可能在其他部门工作。在这种情况下，与其他雇员一样，该成员可由于经济或组织原因被企业合法解雇。与解雇保护类似的调职保护仅针对一种情况，即企业职工委员会成员被调职至同一企业的另一工厂或同一集团的另一企业，从而失去企业职工委员会的成员席位时，可受到调职保护。此外，《企业组织法》第78条规定，禁止因为企业职工委员会的工作性质给予歧视或优待。

---

[1] 《企业组织法》，第103条；《解雇保护法》，第15条。

另一个关键问题是时间。一个利益代表机构真正着手研究并处理工作岗位上产生的问题需要时间。因此仅由一名"发言人"脱产（或由一名非企业员工的工会雇员）处理问题是不够的。选举产生的利益代表机构中的所有成员都必须占用工作时间行使各自职能。如果占用其休息时间，按照德国的理解，他将受到与未担任该职务雇员相比不公平的待遇。也有可能许多人尽量避免牺牲休息时间，导致该工作实际只由"发言人"独自承担，其他人的经验与愿望未能充分参与进来。

企业职工利益代表机构还必须有权从雇主处获得完成任务所需的一切信息。恰恰由于他们的要求有时与雇主意愿背道而驰，雇主经常不愿提供必要信息。当然，利益代表机构也能从互联网等其他渠道获取信息。利益代表机构还应该享有培训机会，以胜任企业工作。多数欧洲国家都为该工作预留了一定的准备时间。

职工利益代表者在企业层面上与工会平等（如德国的企业职工委员会、法国的企业委员会、西班牙的公司委员会、荷兰的劳资联合委员会），上述内容均为欧洲制定的、有利于他们的规则。人们相信这些规则也可以用于企业选出的工会利益代表。若要在欧洲范围内为此找出一个典范，当数瑞典。

（5）经济回旋余地？

在市场与政治方针确定的框架内，企业享有自由决定权。因此企业可以选择不同的经济策略，并发挥自身的积极性，这与中国宪法中确立的党的领导地位并不矛盾。企业内部的职工利益代表者只能在企业所拥有的空间内施加影响，即要求更加重视职工利益。这并不违背所谓的宪法原则。只有当人们试图逾越宪法，例如联合众多企业共同质疑政府在经济政策方面的决议，才可能产生冲突。

## 3. 罢工——制造社会动荡的一种方式？

只有当雇员一方利用罢工这种施压手段，促使雇主方坐到谈判桌前，并作出让步，才可能真正就工资（与其他工作条件）展开谈判。在德国，罢工是一个重要的幕后角色，所有谈判方都认识到它的存在，却从不明确谈论它。在其他工业国家，罢工更是一种常见现象。但任何国家的罢工规模都不及一个额外假日造成的工时损失。如上文所述，2004至2007年间，在加拿大这个"最爱罢工"的国家，每1000名雇员的罢工时间共计182个工作日，人均罢工时间还不足五分之一个工作日。因此，罢工的经济影响在整体国民经济考量中可以忽略不计。

其实罢工还具有社会心理学方面的重要意义。欧洲研究者认为，罢工暂时中断了企业中命令与服从的关系。换言之：它影响了职工与管理层间的和谐关系。但这只是不考虑其长期影响时的暂时现象。德国经验表明，相对于国家的工资规定，通过自己的职工利益代表者谈判获得的工资谈判结果更易被接受。而单个职工通过罢工亲身参与的谈判结果要比没有职工亲自参与的结果更为和谐。从某种意义上来说，罢工可比作"净化空气的雷雨"。否则人们该如何解释，2000至2010年间德国实际净工资下降了2.5%，却未发生一次声势浩大的抗议活动。笔者不知道当中国的生活水平下降幅度如此之大时，雇员会作何反应。

在社会变革时期，人们对社会众多领域的现状不满，就可能举行大规模罢工行动，从而威胁政治稳定。例如，1976年后的西班牙，罢工突然获得合法地位，多数雇员认为，从此可以从当时那种服从状况中解脱出来，因而举行了全面大罢工，这使民主选举出的政府也陷入困境。笔者并不认为中国企业中的劳资冲突会导致这样的后果。没有人会将中国引导工资协议的工会视为一个试图从根本上质疑或颠覆现存制度的机构。

上文所述是作者的一些思考，仅为抛砖引玉，希望引起大家进一步的讨论。

# 劳务派遣管制失效的法经济学解析[1]

姜颖　杨欣[2]

## 一、调研目的与初步结论

劳务派遣作为非典型劳动关系的类型之一，具有灵活用工、降低雇佣成本等优点，但也同时存在中间盘剥、雇佣不安定、差别待遇等诸多问题。为保障被派遣劳动者合法权益，2008年生效的《劳动合同法》首次对劳务派遣作出了正式规制。为了解法律实施效果，"劳动合同法实施效果研究"课题组在2010年底至2011年3月启动了两次大规模调研，初次调研针对的是企业，二次调研针对的是被派遣劳动者。

初次调研旨在摸清一个问题：意在规范劳务派遣的《劳动合同法》是否促成了劳务派遣的萎缩。课题组共针对133家企业的管理层（包括工会负责人）发放了133份问卷，其中国有企业95家，集体企业3家，外商投资企业12家，民营企业23家。调研结果揭示，《劳动合同法》实施后，45%的受调研企业劳务派遣用工有小幅甚至大幅的提升，由于受调研对象以国有大中企业为主（占受调研对象的73%），如果

---

[1] 本文是姜颖教授主持的2009年度司法部国家法治与法学理论研究一般项目"劳动合同法实施效果研究"的阶段性成果之一，项目编号：09SFB2048。

[2] 姜颖，中国劳动关系学院法学系主任，教授；杨欣，中国劳动关系学院法学系副主任，副教授。

样本变更为民营中小企业,由于这类企业更易受成本-效益规律驱使,使用劳务派遣的比率可能更高。课题组进一步调研了企业使用派遣员工的岗位,企业使用劳务派遣的岗位包括技术性岗位(占20%)、管理性岗位(占12%)、辅助性岗位(如清洁)(占25)、基本性主营岗位(占12%)、临时性岗位(占24%)、其他岗位(占7%),岗位分布的多样性说明企业远不止在临时性、替代性、辅助性岗位上使用劳务派遣,劳务派遣已侵入正常劳动领域。

二次调研目的在于了解被派遣劳动者所在岗位,以及其是否享有了《劳动合同法》规定的各项权利。课题组针对被派遣劳动者共发放问卷350份,收回333份,其中有效问卷为323份。通过调研发现,第一,劳务派遣用工已经渗入到了各行各业,既包括制造业、餐饮业这样需要大量劳动力的行业,也有如金融保险业(银行业)、医疗卫生业这样的技术性较强的行业,一些企业的劳务派遣用工比例达到60%,甚至还有企业高达80%。该结论与对企业的调研情况形成了呼应。其次,就被派遣劳动者最为关注的权利——同工同酬而言,调查发现,《劳动合同法》对于同工同酬的规定对于大多数被派遣劳动者来说只是一纸空文,有205位受访者表示并没有得到同工同酬的待遇,占到了总调查人数的63.66%。在关于加班费、绩效奖金及与工作岗位相关的福利待遇方面,有123位被调查者选择了没有,占到总调查人数的38.19%。

两次调研显示的结果均不容乐观,对企业的调研说明《劳动合同法》实施后,劳务派遣非但没有如某些学者预言的走向末路,反而出现了"逆法"上扬趋向,劳务派遣未能被限定于"临时性、替代性、辅助性"岗位,而是侵入了正常劳动领域,一些本应签订劳动合同的劳动者被迫与企业签订劳务派遣,这构成了对劳动者权利侵害的第一层面。而对被派遣劳动者的调研揭示形成劳务派遣关系后,被派遣劳动者未能享有与标准劳动关系下劳动者同等的权利,同工同酬等法定权利对于他们中的许多人来说,依然只是写在纸上的美好愿景,这是对被派遣劳动者权利侵害的第二层面。

## 二、劳务派遣"逆法"繁荣的原因分析

### （一）分析的基本框架——"激励—约束"机制

法经济学理论认为"人是其理性的最大化者",人的行为选择过程就是一个权衡利弊的过程,隐含着一种经济学上的"成本-收益"计较的理性分析在内。基于此假设建立的"激励-约束"理论是现代经济学研究经济主体行为的一种重要分析方法,其在法律领域可用于预测法律的被遵守性。即"一项有效的法律规则,必须满足激励相容约束——也就是说,法律的可实施性必须以个人追求效用最大化为前提,法律只能诱导而不是强制个人行为,比如说,当一项法律规定对行为X实施惩罚时,当且仅当该法律下X不构成个的最优选择时,这项法律才是有效的。如果在这项法律下选择X仍然是个人的最优行动,这项法律就是无效的。正是在这个意义上,我们把法律理解为一种激励机制。"❶

从激励机制的角度考察劳务派遣,只有当且仅当企业采用劳务派遣的成本等于或大于采用标准劳动关系的成本时,企业才会有自觉压缩劳务派遣适用空间的冲动。如果实行劳务派遣的成本小于标准劳动关系,并且无需承担严重的法律责任,企业的"经济人"理性会推动其从标准劳动关系"逃逸"至劳务派遣,从而使法律规范落空。

### （二）劳务派遣与标准劳动关系管制成本比较

《劳动合同法》主要规范的对象是标准劳动关系之下的劳动合同,在对劳动合同进行了从签订到解除的细致规范后,《劳动合同法》在"第五章特别规定"第二节用10个条款对劳务派遣予以了规范,构建起对标准劳动关系与劳务派遣不同的管制框架。

---

❶ 张维迎、邓峰,2003:《信息、激励与连带责任——对中国古代连坐、保甲制度的法律和经济学解释》,载《中国社会科学》,2003年第3期。

就标准劳动关系来说,《劳动合同法》对其设置的管制手段主要有九项:一是书面劳动合同(第10、11、82条);二是无固定期限合同(第14条);三是合同内容(第17条);四是试用期保护(第19、20、21条);五是违约金限制(第22、23、24条);六是解雇保护(第37条至43条);七是特定情况下的经济补偿金(第46、47、48条);八是集体劳动权保护(第51至56条)。

就劳务派遣关系来说,《劳动合同法》对其设置的管制手段主要有六项,其中既有对用工单位的管制,也有对派遣公司的管制:一是对派遣公司的注册资本管制(第57条);二是法律关系的管制(第58条);三是派遣协议管制(第59、60条);四是对用工单位的义务规范(第62条);五是被派遣劳动者的权利保护,包括同工同酬权利、加入工会的权利、有限的解雇保护(第63、64、65条);六是劳务派遣的范围管制,即劳务派遣一般在临时性、辅助性或者替代性的工作岗位上实施。

表 《劳动合同法》对用人单位在
标准劳动关系与劳务派遣关系中的管制比较

| 标准劳动关系 | 劳务派遣关系 |
| --- | --- |
| 书面劳动合同及不签订的法律责任 | 无 |
| 无固定期限合同 | 无(二年以上固定期限合同) |
| 合同内容 | 无 |
| 试用期保护 | 无 |
| 违约金限制 | 无 |
| 解雇保护 | 不完整 |
| 特定条件下的经济补偿金 | 不完整 |
| 集体劳动权保护 | 不完整 |

来源:作者根据《劳动合同法》及相关法律规定整理

从用人单位的角度看,《劳动合同法》通过标准劳动关系对其施加的管制成本远高于劳务派遣。如果采用劳务派遣,用工单位至少可以减少四项显性管制成本:一是因不及时签订书面合同产生的成本;二是无固定期限合同下用工的限制;三是格式合同的成本;四是经济补偿金的成本。除了前述法定成本，事业单位或国有企业采用劳务派遣还有源自体制的成本考虑，即来源于编制的成本。我国目前国有企业和事业单位实行编制控制，使用劳务派遣可以使这些单位在不增加原有编制的前提下，完成特定工作任务。

法定成本与编制成本的合并对企业产生了"反向激励"，即在不考虑违法责任后果的情况下，企业不遵守法律的成本要大于遵守法律的成本。这种"反向激励"促使用工单位仅在必要的岗位上使用劳动合同，同时尽可能地将原有的非核心岗位以"转派遣"、"再派遣"的手段转为劳动派遣。我们的调研揭示，一些员工在正常工作5年甚至10年之后，突然发现自己居然并非企业直接雇佣的劳动者，这是从身份维度对被派遣劳动者权利的第一重侵害。

## 三、被派遣劳动者权利"失保护"的原因分析

### （一）法律的供给与需求

"法律的本质不在于空洞的原理或者抽象的价值。法律是什么，能够是什么，以及应该是什么，取决于制定、解释和实施法律的过程的特性。"❶这一过程之间的互动决定了法律的供给与需求，继而决定了法律的应然与实然。法经济学主张将包括执行阶段的供给与需求纳入激励-约束框架，认为其匹配性同样会影响法律"激励机制"效果的发挥。就《劳动合同法》条文来说，其对被派遣劳动者规定了比较完善的权利保护，诸如同工同酬、社会保险、加入工会等等。但如果企业不自觉遵守法律，被派遣劳动者的权利保护的落实将不得不依存于两个环节：一是行政执法；二是司法救济。这两个环节对企业自觉守法程度亦有重要影响，构成法庭实施阶段企业的守法成本或违法成本。如果实施环节的供

---

❶ 尼尔.K.考默萨，2007：《法律的限度》，申卫星、王琦译，商务印书馆，第4页。

给与需求保持了良好的匹配，其有可能矫正立法本身带来的成本差异，促使企业自觉守法；如果实施环节供给与需求脱节，则有可能加剧立法本身带来的成本差异，对企业形成更进一步的"反向激励"。基于此种假设，本文将主要从行政执法环节和法律救济环节探究被派遣劳动者权利"失保护"的原因。

### （二）行政执法环节分析

行政执法环节的供给效率主要受制于两个变量：一是严格执法的意愿，这是一个主观因素；二是人数，包括劳动者的人数和执法人员的人数，这是一个客观因素，可决定行政机关的实际执法能力。

就执法意愿来说，我国的劳动行政机关，尤其是地方劳动行政机关，有多重执法目标，其既要保护劳动者的合法权益，又要促进经济发展和社会进步（《劳动法》第1条）。在分税制以及现有的官员晋升机制下，经济绩效而不是政治忠诚是决定官员升迁的最重要变量[1]，由此，政府的GDP偏好导致的资本偏好是政府官员晋升的动机使然。有学者将市场转型中的地方政府行为类型归纳为"地方政府即厂商"、"市场的行动者"[2]作为一级政府本身，出于投资环境而制定各种惠商政策，或者出于租金最大化而偏向企业[3]。除政府整体外，也有学者从委托代理理论以及关系本位分析，企业主的关系运作与地方政府官员本身的自利动机可能形成官商勾结[4]。官商一体已成为劳动法执行中的最大障碍，一些地方领导对劳动监察活动的干预影响了劳动监察部门的执法意愿。特别是在劳

---

[1] 周黎安，2004：《晋升博弈中官员的激励与合作》，载《经济研究》，2004年第6期。

[2] 丘海雄、徐建牛，2004：《市场转型中的地方政府角色研究述评》，载《社会学研究》，2004年第4期。

[3] 陈凌、曹飞，2008：《农民工劳动契约执行机制与权益保护》，浙江大学出版社，第151页。

[4] 苏力，2004：《道路通向城市——转型中国的法治》，法律出版社。

务派遣领域，由于目前使用劳务派遣的多是大型民企、国企等利税大户，受政府意志影响，劳动监察部门主观上严格执法意愿不足。

第二，就人数来说，如前文分析，《劳动合同法》的不均衡管制"激励"企业大量使用劳务派遣，劳务派遣人数激增，一份由重庆市人才交流协会发布的资料表明：全市劳务派遣业务最早起于2001年，当年全市劳务派遣机构只有两家，派遣员工总量只有5000余人；到2008年，派遣用工单位1024家，派遣员工总量近5万人。行业发展呈加速增长趋势。[1]与劳务派遣的畸形繁荣相比，劳动执法人员的数量受编制等因素影响，增长缓慢，据"中国农民工研究总报告"课题组的调查：目前全国劳动保障监察人员共计为1.7万人，而全国用人单位约为2700万户，涉及劳动者3万多人，平均到每名监察人员身上，是1600户用人单位和17000名劳动者。[2]如果劳动监察部门要想确保所有企业都在法律规定范围内使用劳务派遣，并且履行了法定义务，就必须加大检查次数，以便尽可能及时、全面地了解情况，然而，就现有的劳务监察人员的数量来看，这显然是个不可能完成的任务。

当然，劳务监察人员数量与待检企业数量的困局并非没有破解之道，例如可以通过工会的监察予以补充，德国采取的就是此种路径，通过工会对企业经营管理的参与，保障企业遵守各项劳动法律制度。我国虽然《工会法》和《劳动保障监察条例》赋予了工会监督用人单位的职责，工会目前也正在探寻对企业的法律监督，但从现行体制看，由于企业工会独立性与自主性均存在问题，工会对企业的法律监督尚未能发挥作用。

---

[1] 李星婷，2010：《"C"类员工生存实录，有一种歧视叫派遣》，见http://wenzhai.cnxianzai.com/jujiao/2010/0402/191123.html。

[2] 中国农民工问题总报告研究组，2006：《中国农民工问题总报告》，载《改革》，2006年第5期。

### （三）法律救济环节分析

劳动者需求的法律救济应符合"3E"标准：即经济、效率、效益，其可概括为：花钱少，时间短，有效果。用这个三个需求标准考察现行劳务派遣法律救济的制度供给，可以得到一幅需求与供给匹配与否的效果图。

在2008年《劳动争议调解仲裁法》（以下简称调解仲裁法）出台前，我国的劳动派遣法律争议处理的完整流程是：劳动争议仲裁→法院一审→法院二审。劳动争议仲裁是必经程序。"通过仲裁的案件，大部分继续向法院提起诉讼，仲裁并未实际发生法律效力，增加了诉累"❶，而诉讼中的"谁主张，谁举证"进一步加剧了未能签订劳动合同的劳动者的败诉风险。2008年5月1日实施的《劳动争议调解仲裁法》对我国原有劳动争议制度的一个重要突破，是确立了部分案件的一裁终局制度。但由于该法对一裁终局的规定仅有三个法条（第47条、第48条、第49条），在实践中如何适用仍存在分歧，从2009年对该法实施效果的总结看，适用"一裁终局"的案件，仅占裁决案件的13.9%，比例较低。❷前述困扰劳动者的"诉累"并未完全得以解决。

除程序外（在程序上，劳务派遣争议与其他劳动争议并无明显差异），对于劳务派遣法律救济而言，尚面临实体上的问题，由于《劳动合同法》对于劳务派遣适用岗位的"临时性、辅助性、替代性"的规定过于原则，一旦发生劳动争议，法院难以裁断。《劳动合同法》关于劳动者权利的某些规定，如关于"同工同酬"的规定同样面临着内涵不清晰的问题。

---

❶ 冯彦君，2003：《强化社会弱势群体法律保护的新视野》，载《法律与社会发展》，2003年第4期。

❷ 王振麟，2011：《<劳动争议调解仲裁法>实施三周年基本情况及下一步对策建议》，见《北京市劳动与社会保障法学会年会论文》，2011年。

程序上救济的不经济与低效,以及实体上法律规定的模糊,共同加剧了劳动者维权的困难,在张光明等42名保安劳务派遣争议案以及类似的多起案件中,临至司法诉讼环节,劳动者无一胜诉。❶

## 四、结语

根据课题组对劳务派遣行业的调研,我们发现,一方面劳务派遣在劳动合同法出台之后出现了异常繁荣,另一方面,被劳务派遣者权利被侵害情况较为严重。调研结果揭示,《劳动合同法》作为一种制度供给,在立法、执法、司法等诸环节存在问题。首先,对企业自觉守法的预测应放在《劳动合同法》宏观的管制框架下考量,由于《劳动合同法》采取了不均衡的管制手段,导致企业选择劳务派遣的成本要远低于选择标准劳动关系的成本,这对企业形成"反向激励",企业倾向于选择成本较小的劳务派遣,而这种企业的群体理性最终导致劳务派遣"畸形繁荣"。其次,就执法与司法而言,劳务者期望得到快速经济的救济。但从目前的制度供给考察,行政执法受困于政府的"资本偏好"以及劳务监察人员数量的不足,不能有效地通过行政执法解决矛盾,导致大量的矛盾进入法律救济环节,在此环节,单枪匹马的劳动者将遭遇因程序繁琐形成的诉累,以及因法律规定模糊造成的败诉风险,所有这些都加大了被派遣劳动者维权的成本,而这些成本再次对企业形成"反面激励",使其怠于遵守《劳动合同法》下的义务。当下,我国有关部门正在着手制定《劳务派遣规定》,要使这一规定成为能够保障被派遣劳动者权的制度供给,必须破解前述"反面激励"困局,在现实的问题背景下回答保护被派遣劳动者权利保护的提问。

---

❶ 时福茂,2010:《劳务派遣的是与非》,见《全球化下的个人劳动关系调整劳动合同法国际研讨会论文》,2010年。

# 产业升级与劳动

## ——服装和信息技术领域的案例研究

[德]弗洛里安·布托洛[1]

## 一、简介

鉴于2008年至2009年经济危机的后果,北京和广东的领导层更着力于促进中国经济增长方式的转变,尤其是通过产业基地的升级。中共广东省委书记汪洋在提及是时候"打开鸟笼,让新的鸟飞进来了"时,特别强调了这一决心。随着2008至2009年的经济下行,政府除了承诺鼓励低端产业转移至广东周边地区或其他省份,同时培育高端产业和现代服务业之外,别无它法。作为产业转移政策的补充,政府采取了某些政治举措来减少社会矛盾,增进和谐,如出台《劳动合同法》,构建社会保障体系,提高最低工资标准和改善劳资关系等。

然而,这些举措的相关性却未引起较多关注。正如政治领导者和评论员都意识到的那样,建立在出口基础上的低端生产体系在生产时就引发了社会矛盾和冲突,因此,调查产业转移对于就业模式、技能需求(及培训)、薪酬和工作条件的影响就很关键。而可持续的社会秩序也将

---

[1] 法兰克福大学。

依赖于产业的现代化是否同时意味着企业内部和企业间的劳动分工、技能发展、薪酬和工作条件更加公正。文章概述了珠江三角洲地区服装业和信息技术产业案例研究的结果,以此帮助人们理解产业升级的多样性和矛盾性。

## 二、解码"产业升级"

虽然"产业升级"已经成了政治经济类讲话稿中的时髦词,然而它的确切含义常有些含混。在广东省的政治讨论中,它至少暗指两种主要的战略方向。第一种是高级产业代替传统产业,也就是上文所提到的汪洋讲话中的暗喻。第二种是传统产业通过树立自主品牌,朝科技型和资本密集型方向发展。汪洋在另一个暗喻中提到了后者,"没有什么朝阳产业和夕阳产业(之分)",据此观点,每个产业都有改进的余地。

至于某个特定的产业,无论是地理上的产业集群,还是某个企业的产业升级都有许多不同的方法,这取决于产品类型,公司在全球生产体系中的位置和其他因素。尤其是产业升级不能被理解为从原先的供货商发展成原创设计生产商,最终成为自有品牌生产商。譬如,在信息技术业,产业升级通常意味着基于自主创新的产品专业化,而不一定是创建品牌。服装业则相反,品牌通常是批发商而不是制造商创立的。产业升级的现实比教科书上的经济理论模型更复杂。

在对案例中的趋势进行分析和比较之后,我将简明扼要地论述产品创新,过程创新和品牌创立的差异。至于珠江三角洲产业升级的特定情况,我认为产品创新是通过本土研发以及采用或收购现有技术提升产品附加值。过程创新指的是通过引进机器和新的管理技巧,提高公司的效率。品牌创立的最终特征是公司走向销售自有品牌的产品,包括拥有独立的营销和销售网络。这些策略彼此并不抵触,而且在每个具体的案例中都能找到它们的组合运用。然而，可以从它们的差异出发，来识别公司层面特定的策略组合。

## 三、案例研究中得到的论证

该案例的研究基于2010年至2011年的47次访谈。数据来源于10次公司调研，另外辅以对当地政府官员和行业协会代表的采访。对服装业的研究关注于两个产业群（针织品行业和一般时尚业）。对信息技术业的研究仅限于LED照明各分支领域。以下是对2012年年底将发表的结果的概述。❶

### （一）针织业过程创新

受调查的针织产业聚集区有约3000家企业，当地政府的产业升级政策强调创立品牌和引进更精密的设备。然而，直到现在，后者在企业层面的升级中发挥的作用要重要得多。过程创新主要包括计算机数控编织机的升级，自2007年以来，已引进10000余台，企业可凭此提高生产力。新机器昼夜运转，不曾间歇。过去每位工人只能控制1台半自动化设备，然而在现代化的工厂里，操作工平均可掌控8台设备。除了可以提高效率，这些机器还能生产更丰富的产品样式，同时加强质量控制。它们还能同计算机辅助设计和生产进行便捷的数字连接。

依据政府信息，大朗针织品公司由于引进了新设备裁员4万人。劳动力数量的大幅减少也发生于受调研的企业，分别从5000人减少到1000人，从1500人减少到300人。❷与此同时，针织企业的资金需求也在增加，目前，数控编织机的售价在国产10万元到高端进口55万每台不等。

---

❶ 弗洛里安·布托洛，2012：《远离廉价劳动力时代？珠江三角洲服装业和LED照明业的产业升级，技术需求和工作条件》，载《中国时事》，2012年。

❷ 公司代表仅将上述情况归因于数控设备的引进，但也无法排除其他原因。

尽管该设备的引进提高了产品品质，丰富了它们的多样性，可是对于操作者的技能提升几乎没有任何要求。因为产品的风格可直接由设计者上传至设备上，所以编织工人事实上因其工作内容的可认知而被忽视。如此一来，工人的作用仅限于装纱线和排除故障。相应地，他们仅有为期一周的短期在职培训。工人娴熟的技巧会对他们的工资产生积极影响，因此工人可以通过同时控制更多的机器来提升其基于计件基础之上的绩效工资，可他们的工资仍远低于同一家工厂里负责缝合的工人。这些人用过时的机械化设备把经由数控机器裁减出的平展的布片缝合在一起。因为成品的样式关键依赖于缝合工人的技巧，所以他们工作的技巧性更强，因而也更难培训和招聘。有经验的缝合工人也可相应地赚取相当于编织工人平均工资两倍的报酬。

编织业的数据说明，仅依赖于过程创新的产业升级是有局限性的。虽然过程创新可提高生产率，创造出更优质的产品，但它无法提高工人的薪酬和技能，甚至有争议地被认为导致了编织工作不再需要资质了。与此同时，劳动力需求急剧减少，生产过程不再是劳动密集型了。因此，工厂里熟练的缝合工人所占的比重（并非是他们的绝对数量）比以前更高了。

### （二）时尚业的品牌创立

在一座拥有2000家提供各式时尚产品的制衣企业的城镇里，政府的产业升级政策瞄准了本地品牌的创立，这与步入"商业时代"的发展策略是一致的。与纺织业不同的是，集群内大多数的制衣产品是由缝纫者生产的。尽管缝纫者的生产过程可以提速，可是因为每位工人仅控制一台机器，所以它无法像针织业那样分工。为了提高生产效率，一家拥有重要时尚品牌的企业采用了精细化管理，包括基于模版（样板）的制衣过程，如此，工人可轻松适应风云变幻的潮流。然而，在受访的另两家企业中，品牌确立的主要含义并非是生产过程的转型，它们关注于改进设计和市场营销，这两者要求更多的资金投入以及聘用设计师和销售经理这类拥有较高技能的雇员。在所有案例中，没有任何一家公司的品牌创立是建立在以一线工人为代表的员工技能提升的基础上，因此，所有工厂的新员工正式培训时间都很短，一般不超过一周，这表明在创建品牌时，制造过程并不需要更高的技能标准。正如那家引进了模版工具的案例公司所说明的情况，虽然生产体系的改进确实起到了某些作用，可是，由于熟练缝纫工的价值降低，这种改进对于技能的需求甚至会起到反作用。这家公司代表说，正是因为模版技术的应用，他们可以雇用那些毫无缝纫经验的工人。该地区熟练工匮乏，这可是很重要的优势。

### （三）LED产业产品创新模式

目前，LED照明应用广泛，多用于笔记本电脑、电视和手机的背光等，其应用领域正快速拓展至电视、汽车照明和路灯。行业观察员预测，随着更高效多样的家用LED照明取代传统灯泡，LED产业将迎来"第三次增长周期"。预计LED系列产品的平均增长率在2009年至2015年将达到28.2%。

作为具有高增长预期的节能行业，无论是省级还是国家级层面的政策都对该行业予以特别关注。在"十二五"规划中，中央政府对于本国LED产业的发展制定了雄心勃勃的目标。然而，高增长的预期也推动了不可持续的投资，进而推动了自2011年以来的重大行业整合。截至2010年，政府对路灯的补贴进一步刺激了投资，虽然2011年政府削减了该补贴，但是产业的周期性效应仍强化了最近过热投资与整合的趋势。

面对瞬息万变的市场，成功的企业经营变得更具挑战性，对于所有LED生产商皆是如此，可是因为企业在产业链的垂直分布中处于不同的位置，它们所受的影响又各不相同，这些细分领域到目前为止主要由中小企业经营。对自主研发能力要求最高的企业是生产LED晶片和芯片的公司，研发过程尤其离不开对科学原理的认知，另外，LED模盒的生产

（嵌入或连接芯片的实际发光组件）和LED应用（如台灯、电视的背光模组等）都依赖于特定的技术解决方案，尤其是在至今尚无产业标准和丰富产品的情况下。

受访的5家公司都有不同的产业升级策略，这取决于产品的特性。由于篇幅有限，这些策略的独到之处无法在此一一详述[1]，与本文所讨论的内容最相关的是，每条产业升级的道路都具有通过自主创新提升产品设计的共性。因此，拥有自己的专利就显得特别重要，随着技术日趋成熟，业内专家期待产业的进一步整合，这种趋势会得到发展。在这种情况下，具有竞争力的技术是在竞争高度激烈的市场中唯一的生存法则。在当下的产业整合阶段，许多小型LED公司因技术能力薄弱而破产。鉴于技术能力的重要性，LED企业需要聘用经过科学培训的员工。在一家被调查的LED芯片生产企业中，约三分之一的劳动力接受过大学培训。与之相似的是，其他受访企业劳动力的知识化程度虽尚未如此之高，但仍聘用了为数众多的大学毕业生，并与高等院校建立了合作关系。

在以上的案例中，都没有因为产品和生产过程的复杂性而对普通生产线上工人的技能和知识提出更高的要求。产品制造包括LED设备的人工组装以及在特定设备上的应用，如：有机金属化学汽相积淀[2]，表面装配技术[3]和芯片焊接机。[4]作为设备的操作员，年轻的务工者无一例外地只接受了为期一周至一月的短期培训。他们通常不需要了解其操作过程的

---

[1] 五家公司的策略可概述为：探索提升产品品质之路，（1）实现生产过程自动化的新型技术发展之路；（2）纵向整合和品牌创立；（3）专业化和多元化；（4）创立出口型品牌；（5）发掘细分市场。

[2] 有机金属化学汽相积淀即有机金属汽相外延。有机金属化学汽相积淀设备指的是某种半导体涂层通过化学反应过程产生晶片的反应堆。

[3] 表面装配技术，电子元件通过表面装配技术设备安装于印刷电路板上。

[4] 将LED芯片连接至电路的过程，主要用金丝完成。

技术内涵，按照一位公司代表的说法，（他们）要知道的是怎么做，而不是为什么这样做。因此设计机器时，也力求操作简单。工人的作用主要局限于监管机器的精确运行，装载或卸载，有时需调试某些设施。给设备编程或安装设备的全方位工作仍然属于接受过系统化培训的工程师，这就使得生产线上的工人通过提升技能获得向上发展的机会微乎其微，甚或没有。

尽管公司形象和产业升级策略存在重要差异，所有LED企业有显著的劳动力分工。行业竞争的多样性要求大量经过科学培训的员工以及企业和科研机构的合作，可技术要求低、薪酬微薄的务工者仍为制造业的主力员工。尚无证据表明目前所采用的生产过程创新会提升对一线工人的技能要求。

## 四、结论：知识型工作和制造业工作的分离

所概述的案例研究显示了从劳动密集型产业向资本和知识密集型产业转化的各种不同形式。与此同时，这些案例表明，这种变化和产业工人的条件改善并无必然联系。尤其是所有调研企业产业升级的轨迹都不曾依赖于对普通生产线工人提出更高的技能要求。相反，现代生产技术以各种方式促使知识密集型工作和制造业分离。

事实生动地说明，在针织业，因为针织品的样式能够以数字化的方式上传至计算机数控机器，实际上针织工人已被忽视。在时尚产业，公司自主设计的能力对缝纫工作几乎没有什么影响。公司借用模版体系等精细化的管理和生产技巧，可以平衡市场对于多样化服装款式提出的更高需求。在LED产业中，高技术产品和低技术产品的对比，有时是人工操作和生产步骤的对比最为醒目。多年来，更多地主宰信息技术产业成熟门类的知识、薪酬和工作条件的差异一直重复着。正如看上去的那

样，LED产业将继续复制依靠低技能和低薪酬的"新泰勒主义"生产方式。最近，合同生产商富士康就因此受到公众的监督。还有，政府和相关社会活动家应该尽早解决LED产业尚存疑惑的发展方向问题。

正如在以上案例中观察到的，知识型工作从制造业中的剥离，可能会随着制造步骤向内地外包，使相应的生产功能出现地域分离，进而激化这种趋势。虽然在针织行业这种趋势尤其常见，可是产业集群的优势以及与供货商普遍的紧密关系也对此有所抑制。媒体评论广东"廉价劳动力时代的终结"则夸大了这种情况。制造业低技术含量和低薪酬的流动劳动力仍然会存在，这既关系到地区产业中的"旧鸟"，又与"新鸟"相关。

产业升级不能被视为能缓解地区后改革时代经济增长模式与提高数以万计务工者工作和生活条件矛盾的普世方法。然而，对产业升级的一份批判性研究表明，有必要从生产开始解决长久存在的社会不公。当前建立在对薪酬低和技能低的流动劳动者剥削基础上的生产体系并没有消失，而是以其他面目出现。这种情况从本质上改变取决于政治改革：要在工资、工作条件和就业激励模式的创新，以此弱化高技能和低技能工作的两极分化等方面赋予工人集体权利。

# 中国建筑业农民工的
# 现状与发展前景

刘丽臣[1]

中国农民工和农民工问题，自改革开放以来即已产生。这是中国经济社会发展的历史性课题，是"我国城镇化、工业化和城乡二元经济社会结构下，政治、经济、社会体制等多种因素的综合性产物，是与农民工现象相伴生并不断凸显的社会问题。"（见中华全国总工会2011年2月公开发表的《2010年企业新生代农民工状况调查及对策建议》和《关于新生代农民工问题的研究报告》）。

中共中央和全国总工会2003年就已明确："农民工已经成为我国工人阶级的新成员和重要组成部分"；国务院2006年《关于解决农民工问题的若干意见》也指出："农民工是我国产业大军中的一支重要力量。农民工的政治思想、科学文化和生产技能水平，直接关系到我国产业素质、竞争力和现代化水平，必须把全面提高农民工素质放在重要地位。"

---

[1] 高级经济师、高级政工师职称。1969年3月参加建筑行业工作，当过工人，后从事施工现场和企业管理等工作，2001年起任集团高管，现任集团公司董事、工会主席、总经理助理。中国海员建设工会全国委员会常委，中国工人历史与现状研究会副会长，全国大型建筑企业工会工作研究会会长，北京市政协委员，北京市总工会委员、工会理论研究会副会长，建筑工会副主席，北京师范大学工会发展研究中心兼职研究员、中国劳动关系学院劳动关系研究所研究员。

## 一、全国暨建筑业农民工现状

**关于农民工的概念理解：**

从广义上解释——改革开放后从农村进入城市工作，但户籍仍在农村的务工人员。

从狭义上分析，建筑业农民工最具典型意义——（1）未在城市具备生根条件，没有固定住所；（2）与家乡土地保持千丝万缕的联系（经济和亲人），常年春出冬归；（3）工作地点、单位不固定且流动性大；（4）与第一代农民工中的成功者开办的企业签订合同，从事非农业劳动。

截至目前，中国农民工管理可大体分为三个发展阶段：一是自发探索阶段，农民工进城逐渐形成规模，如何管理尚无章法，也无历史紧迫感。各地区各行业主要为自身发展计，八仙过海，各显神通，摸索和提出了一系列加强引导管理的措施。二是有组织地加强管理阶段，鉴于实现小康后的经济社会发展状况和实践中暴露出的大量问题，国家进一步关注民生，从上至下多层级成立机构，将农民工管理工作提上正式日程，并提出一些相应的政策措施，以加强引导管理，但效果参差不齐，工作的科学性、系统性不够，尚未从城乡二元体制根本上考虑问题。三是科学化、规范化的推进阶段。即以科学发展观为指导，基于社会发展规律和历史眼光，立足加快工业化、城镇化进程来看待和分析问题，从根本上、系统上和普遍性上更加有组织地推进这一工作。

全国暨建筑业农民工基本情况——据中国《2010年度人力资源和社会保障事业发展统计公报》显示，2010年底全国农民工总数为24223万人，其中外出农民工15335万人；外出农民工中16-30岁的约占60%，总数约1亿人左右，被称为新生代农民工。

据去年统计，建筑业4100万从业人员中，农民工约有3200-3300万人左右，所占比例仅次于在制造业和服务业的农民工，居第三位（在制造业、服务业和建筑业的农民工分别占农民工总数的39.1%、25.5%和17.3%）。而这是和在市场需求、改革发展双重推动下，1980年代以来中国建筑业呈现出持续快速增长的势头相联系的（根据《中国统计年鉴[2010]》，在国民经济各产业部门中，建筑业占GDP的比重为6.58%，居制造业、农业、采矿业、批发零售业之后，位列第五。这一比例已持续多年）。

建筑业农民工已成为施工生产一线主力军——目前已占到一线员工的85%-90%以上（以北京建工集团为例，现自有职工18000人，而常年使用的专业与劳务分包队伍达7万-8万人，涵盖了木、瓦、钢筋、混凝土、架子、油漆、电气焊等主要工种）。主要原因是：

（1）改革开放后国家加快发展和老百姓改善住房的需求，建筑市场需求空前增长，需要新增大量人力资源。

（2）农村实行联产承包责任制后有大量富余劳动力资源需要寻找出处。

（3）建筑业实行两层分离，建筑劳务分包队伍需要有新的相对稳定的来源。

（4）建筑业为劳动密集型行业，资本有机构成低，创业不需要大量的资金投入和很高的素质要求，因此一些有见识、有本事的农民工带头人组建了大量劳务企业以求致富之道。

建筑业农民工的主要特点：（1）数量巨大，主要是与建筑业属劳动密集型，简单劳动多，与农业生产有天然联系的行业特点有关；（2）劳动强度大，工作时间长，环境艰苦，流动性强，管理相对粗放；（3）春出冬归的候鸟式特点最为典型，这主要决定于现行的城乡二元体制；（4）素质偏低：据2009年统计，在20个国民经济行业中，建筑业从业人员素质排倒数第四，仅稍高于农业、居民服务业和零售业，这和从业人员大多数为农民工强相关。

5）建筑业实行总包与分包的生产管理方式，导致农民工进城后接触人群未有大的改变，直接延缓了他们从农民工向工人阶级的转变进程。

据最新统计，中国目前的城市化水平已达51%，计划到21世纪中叶达到70%的水平。同时，新型工业化进程正处于快速发展的时代。加快城市化和工业化的发展均需要建设大量的基础设施，改善人民生活和保护生态环境也需要建造大量的民用建筑及相关配套设施。可以肯定，今后几十年建筑业的市场仍然广阔，任务仍然繁重。而根据中国建筑业目前的管理体制，农民工和农民工问题也将继续存在。

## 二、北京建筑业农民工队伍的构成及目前情况

北京市建筑工会2010年曾在全市建筑业对农民工状况进行了抽样调查（具体调查数据附后）。从这次调查反映出的情况看：

第一、基本构成以男性为主（94.41%），初、高中文化的青壮年（18-40岁）和已婚的居多（均为三分之二以上），来北京前务农的约占一半（47.5%）。

第二、坚持在建筑业工作5年以上的为1/3强，10年以上的仅有13%，说明工作稳定性差而流动性强；每天工作10小时以上的有近1/3（30.5%），工作8-10小时的占了55.2%；近40%的农民工每周只能够休息一天，25.7%的农民工基本上没有休息日，说明作业时间偏长，劳动强度非常大。

第三、从劳动报酬情况看，月收入在1500-2000元和2000-3000元的分别占了39.2%和35.1%（收入统计不包括提供吃住条件，如包括应增加600元左右），处于中下游水平（北京市当年职工平均工资水平为50415元，包括中央在京企业）；大多数（70.4%）农民工以"每月发生活

费,年终结算工资"的方式领取报酬,79%能够按时拿到工资,且2/3(66%)对现有工资领取形式表示满意。

第四、劳动生活条件逐步改善,农民工多数对工地生活条件相对满意,对伙食满意和基本满意的占了81.1%;对住宿条件满意和基本满意的占了86%;但业余生活仍显枯燥,多数只是看电视、听广播和看书,只有不到20%能够参加些文体活动和上网。

第五、有30%的农民工来京前在家乡接受过技能培训(数量有水分,质量难测定),3/4来京后接受过培训,且90%以上对培训效果表示满意和基本满意;目前最感兴趣的仍然有67%选择了技能类培训,反映了他们对学习技术和掌握本领的渴望。同时调查中也反映出近75%的工地建立了农民工夜校,绝大多数农民工在夜校参加过安全生产培训或技能培训。

第六、由于《劳动合同法》的宣传和推行,大多数农民工与用人企业签订了劳动合同,但一年期的短期合同占了多数;加入工会组织的情况更不容乐观,仅为29%,与经常宣传的数字比例有较大差距,说明全总提出的"组织起来"的任务仍然艰巨。

第七、农民工反映生活中存在的最大困难和问题是——近一半的人认为是远离家人,感到孤独和过年回家买票难;有1/3的人反映缺少文化娱乐生活和生活条件太艰苦;有1/5左右的人反映受城里人歧视和家里父母子女无人照顾;1/10的人反映为子女在城里就学困难、没有城市户口和患大病无钱医治。

## 三、建筑企业工会组织的工作

作为以维护职工合法权益为基本职责的各级工会组织,近年来高度重视农民工工作——全国总工会相继提出"组织起来,切实维权"的方针和"两个普遍"（普遍建立工会组织和普遍推行工资集体协商）的要求，推出为农民工办10件实事、建设农民工10项维权机制、开展"千万农民工援助行动"等一系列举措，在全社会叫响了"农民工有困难找工会"的口号；2007年3月又会同教育部等五部委发出《在建筑工地创建农民工业余学校的通知》。截至2009年底，据全总统计全国已有8000多万农民工成为了工会会员。

十几年来，我们北京建工集团在加强对农民工的教育引导和管理上进行了不少探索，包括：推动农民工生活区建设的规范化，探索工地安全生产教育的多种形式，推荐和评选先进农民工劳务企业和农民工劳动模范，指导建立"建工之友"协会（会员均为农民工劳务企业）加强自我管理，帮助指导农民工企业在"连队"而非"阵地"建立工会，培训农民工企业工会干部及与他们结成帮扶对子，建立农民工夜校和编写教材，推动劳务基地建设与农民工企业高管培训，组织贴心人服务队坚持到工地为农民工服务，党政工团共同努力活跃农民工的业余文化生活，开办工地大食堂，组织开展优秀一线农民工"北京一日游"活动等。

在开展建筑业农民工工作中，近年来我们也初步形成和提出了一些关于农民工工作的新思考新理念：

——消灭城乡差别和城乡二元体制是一个相对长期的历史演变过程，既要积极自觉，又要循序渐进；

——立足建筑业管理层与作业层分离和实行工程总、分包管理体制，必须把农民工劳务企业视为总承包企业战略合作伙伴；

——坚持以授之以"渔"为基本立足点，以加快农民工工人阶级化的历史进程为着眼点，以解决农民工最关心最直接最现实的利益问题为切入点，以循序渐进的方法论为出发点；

——逐步做到农民工在经济建设中与城市人民同工，文化建设与城市人民同行，民主政治建设与城市人民同步，和谐社会建设与城市人民同心，进而逐步推动农民工实现向工人、文明市民、合格公民的切实转变；

——构建企业党政主导、工会运作的工作格局；

——实行促进企业发展、维护职工权益的维权原则。

建筑企业农民工工作的重点我们体会主要是——安全最重要，环境抓达标；管理传帮带，服务要做好；夜校培训忙，思想多熏陶；帮助建工会，活动一起搞；党政当后盾，改造加引导。

目前建筑业农民工工作仍存在的突出问题是：

据北京市建筑工会的调查，目前农民工权益维护工作中存在的主要问题包括：工会组织建设距全覆盖相距甚远；精神文化需求，特别是新生代农民工的精神文化需求得不到满足；劳动合同履约特别是监督保障体系得不到落实；技能培训得不到应有重视，且缺乏渠道；社会保障保险迟迟难以眷顾到广大农民工。当然，这里有体制问题，有思想认识问题，也有发展进程问题。

据调查，目前农民工权益维护工作中存在着四大矛盾：一是农民工维权意识的逐步提高与诉求渠道不畅通的矛盾；二是农民工自身素质不高与城市经济社会发展对高技能人才需求的矛盾；三是农民工的社会预期与现实供给（实际所得）之间不平衡的矛盾；四是现实政策要求与目前体制不相匹配的矛盾。

## 四、让"农民工"成为历史——建筑业农民工的发展前景

当前，我国已进入城市化、城乡一体化加快推进的重要时期。无论是从现实需求还是发展趋势看，都需要在"十二五"中实现农民工市民化，让农民工成为历史。——摘自《人民日报》文章

我们有理由相信,随着各项举措的进一步推进,由"工"到"工人"的彻底转变,这一天并不遥远。在为之辛勤劳动的城市里,农民工也会分享到更多快乐、更有尊严的生活。摘自《人民日报》文章

关注"用工荒"背景下的新生代农民工群体。要以人性化的企业管理善待农民工,以职业化的标准提升他们的劳动技能,以市民化的身份变革突破二元体制。——摘自新华社新闻分析

在新的形势下,今后建筑业的农民工和农民工管理应向什么方向演变?我们从实际工作中感到,在现有建筑业生产管理体制下,要借势国家提倡的经济发展方式转变,推动和促进建筑业劳务企业自身加快实现两个根本转变:

员工队伍——要切实提高队伍素质,实现从农民工向工人阶级的根本转变,包括施工企业管理者自身要实现从包工头向企业家的切实转变。

企业自身——要加强和改善企业管理,推动企业从松散的、家族式的、低层次的管理向正规化、规范化、现代化、科学化的管理转变,实现持续健康发展,做长寿企业。

建筑业农民工及农民工企业的这两个转变,应该成为今后的发展走向。因为这不仅关乎农民工生产生活状况的改善,更关乎职工队伍的稳定和综合素质的提高,关乎行业、企业技术管理水平的提高和核心竞争力的形成。一句话,关乎建筑行业和企业的整体改革发展,同时也会直接影响中国工业化、城镇化的进程。当然,积极促成以上两个根本转变,需要政府、社会和国有建筑企业共同协力,形成合力,持续努力。

当然,为从根本上解决建筑业农民工问题创造条件,还有两个重要课题需要进一步破解:一是需要从宏观和微观上切实解决城乡二元体制带来的农民工户口、住房、社保、教育等一系列问题;二是需要建筑行业和企业继续探索改变用工和管理方式问题。这两个方面都将是一个长期过程,同样需要加强顶层设计,依靠全社会各个层面的共同努力。

为此，政府有关部门应做的工作是：

第一、切实解决农民工加入社会保障体系的问题，享受与城市职工同样的"五险一金"社保政策，特别是尽快落实个人社保账号转移接续问题。近日国务院公布的"十二五期间深化医药卫生体制改革规划实施方案"，已提出重点做好农民工等医疗参保工作，建立异地就医结算机制。北京市也已公布相关政策，从2012年4月开始为农民工上缴医疗保险。

第二、发展廉租房、公租房，进而逐步解决农民工城镇户口问题，为他们创造在城市生根的环境条件。

第三、统筹安排农民工的职业技能培训，完善目前急需的高技能人才激励政策，建立起真正的产业工人队伍。目前北京市已开始尝试"首都农民工大学生助推计划"，由工会组织资助，首批140名建筑业农民工已开始建筑工程管理专业的学习。当然更主要的是组织支持企业自身安排好培训。

第四、进一步实行和不断完善缩小和改变城乡差别，推动城乡一体化发展，加快城镇建设步伐的配套政策，营造相应的舆论宣传环境。

目前大型总承包建筑企业从履行社会责任和自身发展两方面考虑，需要也能够做的工作是：

——从各方面关心和不断改善农民工的工作生活环境，丰富精神文化生活，让他们感受到平等和尊重。

——加强日常的教育培训，特别是与社会系统培训结合起来，不断提高他们的文化技术和思想道德素质。

——吸引和帮助指导农民工加入工会组织，增强民主、阶级和自我维权意识，学会自己管理自己。

——立足行业本身探索新的管理体制和组织方式，引导农民工加快工人阶级化的历史进程。一是近年来铁路建设系统已开始通过"架子队"形式，通过派出自有职工骨干进入劳务企业，强化对农民工的思想和行为影响；二是真正把农民工劳务企业作为自身的战略合作伙伴甚至组成部分，通过各种传帮带方式，帮助提升他们的企业管理水平；三是探索总承包企业自身重组或重建部分劳务企业，直接建设自己的蓝领员工队伍方式，以保证和促进作业层面不断提高技术素质和操作水准，满足生产需要和发展需求。

**附：北京市建筑工会调查数据：**

北京市建筑业施工企业共1100家，其中农民工约40万人（有些不在可控范围，实际数量更多），分别来自河南、河北、四川、湖北、安徽、重庆、江苏、山东、陕西、甘肃等十几个省市区。

由于建筑业的行业特点，从性别看，男性占了94.41%，为绝大多数；从年龄结构看，因劳动强度大，18-40岁的青壮年占66.73%，41-50岁的占23.15%，50岁以上的仅占8.43%，18岁以下的未成年人占0.6%。

从婚姻状况看，已婚的占79.27%，未婚的占19.25%。在已婚人员中，18.92%配偶在北京，大部分夫妻两地分居；其中女性农民工一半以上配偶在北京；在有子女的人员中，只有8.44%的子女在北京，其余为留守儿童。

从受教育情况看，1.52%没上过学，13.35%为小学文化，59.12%为初中文化，20.53%为高中（职高、中专、中技）文化，2.2%为大专（高职）以上文化。

从户籍状况看，84.7%为农业户口。

从来京前所做的工作看——务农的占47.5%，建筑业的占28.5%，无业或待业的为12.4%，学生为3.2%，还有小部分从事商业类工作。

目前主要从事的工种——25.35%为木工，16%为钢筋工，8.8%为瓦工，8.29%为电焊工，6.71%为油漆工，还有不足2%从事管理工作，其余为壮工。

在岗工作时间——从事本工种10年以上的占13.8%，6-10年的占23%，1-5年的占47.7%，1年以下的占7.1%。其中，46.1%取得了相关工种的职业证书。

政治面貌，群众占82.4%，党员占3.67%，团员占11%。

每天工作时间——不足8小时的占12%，8-10小时的占55.2%，10-12小时的占28.1%，超过12小时的占2.4%。

休息休假情况——38.2%的农民工每周能够休息一天，25.3%的农民工表示有时间能够休息，25.7%的农民工基本上没有休息日。

劳动报酬情况——月收入少于1000元的占2.1%，1000-1500元的占18.6%，1500-2000元的占39.2%，2000-2500元的占16.5%，2500-3000元的占18.6%，3000元以上的占5.2%。（以上收入不包括提供吃住）

接受培训情况——18.4%的农民工在家乡接受过木工培训，12.6%接受过钢筋工培训，培训时间长短不等。来京后接受过技能培训的占73.7%，其中对培训效果满意和基本满意的比例分别为占64.4%和27.4%，认为培训对现在工作有帮助的占87.7%。目前最感兴趣的是技能类培训，选择的有67%；排在第二、三、四位的分别是职业资格认证、文化知识和创业培训，各占34%、29%和27%。

参加农民工夜校情况，74.8%的工地建立了夜校，89.2%的农民工参加过安全生产培训，44.6%接受过技能培训。

工资薪酬形式——59.8%的农民工工资形式是计时工资，40%是计件工资。79%的农民工表示能够按时拿到工资。70.4%以"每月发生活费，年终结算工资"的方式领取报酬，15.3%按月领取工资，8.16%按季领取工资，6.12%按一项任务完成领取报酬。66%的农民工对现有工资领取形式表示满意。

签订劳动合同情况——83.1%的农民工签订了合同，其中一年期以内的为57.7%，1-3年期的占7.91%，3年以上的1.74%，无固定期限的占6.21%，以完成一项特定工作为期限的占25%。

在签订了劳动合同的农民工中，有58.7%表示对合同内容比较清楚，21.3%很清楚，11.76%表示不大清楚，3.12%表示完全不清楚。

发生劳动争议后，43.4%认为可找工地领导解决，37.4%选择找政府有关部门解决，15.2%选择找工会解决。

加入工会组织情况——29.9%的农民工是工会会员，其中一半以上是在北京加入的工会组织。数字显示建筑业农民工组织化程度很低。

一半以上农民工认为来北京工作的最大收获是赚到了钱和增长了见识，同时也找到了发展机会。

工作中遇到的最大难题依次是：培训机会少，劳动技能低；劳动强度太大；加班加点太多；不能按时领到工资；容易出工伤事故；权益受到侵害时无处反映。

对工地伙食满意的占38.66%，基本满意的占42.5%，不满意的占16.99%；对住宿条件满意的占40.51%，基本满意的占45.33%，不满意的占10.95%。

业余时间的活动安排——选择最多的为看电视、听广播占57.23%，其次为看书50.39%，第三为聊天47.93%，第四为睡觉占38.15%，第五为棋牌占19.82%，第六为上网占18.6%，其余为体育锻炼15.23%和喝酒11.53%。

生活中存在的最大困难和问题——47.66%认为是远离家人，感到孤独；41.86%认为是过年回家买票难；34.31%认为业余缺少文化娱乐生活；27.54%认为生活条件太艰苦；23.05%认为受城里人歧视；20.02%认为是家里父母子女无人照顾；13.01%觉得子女在城里就学困难；12.07%认为是没有城市户口；11.36%认为患大病无钱医治。

调查中农民工最希望解决的问题依次是：

（1）提供劳动技能培训；

（2）帮助维护正当权益；

（3）住房和医疗保障；

（4）和本地人享有同样户口；

（5）解决子女就学问题；

（6）讨回被拖欠、克扣的报酬。

# 全球化条件下的
# 新劳动关系和左翼的观点

# 劳动关系的变革对左翼党的挑战

[德]康妮丽·希尔德布兰特[1]

## 一、引言

本文主要探讨这样一个问题：在德国，社会福利国家的新自由化变化以及就业市场的政策改革所带来的劳动关系变革，对工会和左翼党的行动选择有多大的影响。

自20世纪70年代末以来，随着生产和再生产的根本变化以及金融市场资本主义的逐渐形成，劳动关系的变革随之不断演进。这些进程导致了工作组织、企业和就业结构及社会结构的变化。这些变化又使得工会在结构、组织政策、制度方面遭到削弱，而德国政治中缺少一个强有力的左翼政党也迫使工会的工作逐渐进入守势。直到2005年至2009年期间德国左翼党逐渐成立并对社会民主制造压力，2010年以来工会自身进行战略转向即就业保障不再以薪酬为代价，才使工会获得了新的行动选择的可能。

## 二、福特主义的危机带来劳动关系的变革

（一）由于发展储备的减少、消费的日益饱和、生产率的持续提高以

---

[1] 罗莎·卢森堡基金会社会分析研究所。

及科技革命的蓬勃进行，全球金融市场对国民经济的意义在全球化的过程中不断增加。与此同时，投资基金、分析家以及评级机构的影响也与日俱增，如今成为中心的、决定政策的行为体，不仅决定大企业的命运，甚至可以决定整个国民经济的命运。

金融市场的统治地位，和信息、沟通技术革命的支持分不开，给全球布局、去中心化和灵活的生产和再生产方式创造了可能，并使其听命于金融市场的思路和盈利导向。随着欧洲竞争国家的变革（包括社会保障的私人化尤其是退休金），工作和就业政策的根本性变化使欧洲社会福利国家走向终结。股东的价值成为资本生产的中心导向，导致对衍生品和资本投机贸易不受限制的次级市场的崩溃，最终导致了2008-2009年的危机。

金融市场资本的危机伴随着全球生产和再生产的危机，使这一点更为明显：我们的机制没有能力解决社会发展的基本难题。但是此时缺少的是反对这条资本主义发展道路的政治和社会力量。左翼政党和工会都处于守势。

（二）金融市场资本主义基本的结构和社会变化包括权力的集中化和得益于拖延政策的金融经济企业同跨国康采恩的结合（如德意志银行和戴姆勒/克莱斯勒、安联和宝马、西门子、意昂和莱茵集团的结合等）以及企业在金融经济中可能的毛利润的调整。在这种前提下，直接生产的分散化、雇佣劳动的扩展及其日趋灵活化，一方面会导致直接生产过程中自主性和独立性的增强，另一方面也使得这一过程同工作和生活方式的社会福利的去保险化联系在一起。这一发展将导致如下一些结果：

1. 全球范围内都可能出现的分散化有了新的形式，从而导致国际分工产生相应变化；

2. 分散化的和灵活的企业结构重新组合，直到企业内部关系日渐直接面对市场从而实现市场化。虽然企业的核心组成和任务得到保留，但是以往彼此融合的、功能上相互依赖的单个的企业领域在必要情况下将实现外包。这样，分散化的、灵活的生产协调处于直接的竞争当中和减少成本的压力之下，给工人带来负担。

3. 劳动力市场日趋自由化导致雇佣愈发困难。与此同时，劳动力市场早已作为"一定程度上的固定职工"融入所有的工作过程，并且将外部劳动力市场的压力带入企业。❶

4. 工会的结构权力、组织政策权力以及机构权力弱化。

（三）伴随这一过程出现的还有对高水平的服务业，尤其是对与金融、工业靠近的服务业的一种增长的灵活需求。与此同时，与欧洲社会福利国家道路相适应，公共的和日益私人的人际服务业和人力服务业也在欧洲发展起来。服务业在欧盟各国国内生产总值所占的比重均已超过50%。其中在服务业生产总值占比最低的罗马尼亚，这一数字也达到54%，而该国农业生产总值仅占9.5%、工业占36.2%。服务业生产总值占比最高的是卢森堡，约为84.6%。❷

（四）社会结构也由此而改变。20世纪90年代初，就业群体的转移有利于更高水平的服务业。以这一发展过程为基础产生了三种动力：首先是更高素质人才的增加（能力革命），其次是服务业人才需求的持续爆增（劳动力市场的第三产业化），最后是求职者的女性化。

这个发展过程对德国来说也意味着在所谓的人力服务领域、行政领域和结合工业的服务业领域，对高水平服务业（更多要求学位的岗位）的需求不断增加。值得注意的是，尽管工业出口持续增长，但是由于特别是在工程层面降低成本的严苛政策，这一需求被遏制，并且出现了必要工作向更低层级的转移。在这里也同样起作用的德国出口经济的低薪策略，是德国出口能力在过去10年中得以增长的原因之一。德国出

---

❶ 奥利弗·纳西威，2010：《机构的权力和棘手的就业》，载《社会主义》，第37年度第10期，第40页。

❷ 《同2008年的数据相比——通过数字看世界》，见http://www.welt-in-zahlen.de/laendervergleich.phtml?indicator=68。

口力不是通过对科研和发展的投资驱动向前的，而是更多地通过对更高水平的工业服务的成本压力。由此产生了对这种发展的稳定性的追问，因为这种发展同时推动了欧洲发展的不稳定性。❶

（五）在工业生产领域的就业人数在全德就业总人数中所占比重不到30%。服务业领域一方面分为公共领域和私人领域，另一方面又可以按照具体领域和工作逻辑（关于人事的）划分为工业服务业、农业科技服务业以及管理服务业和行政服务业。在欧洲竞争国家的改制过程中，公共服务业和私人服务业的关系因为公共服务业的私人化和最低社会保障水平的降低而有所转移。这一过程在严苛的紧缩政策的影响下不断加快步伐。

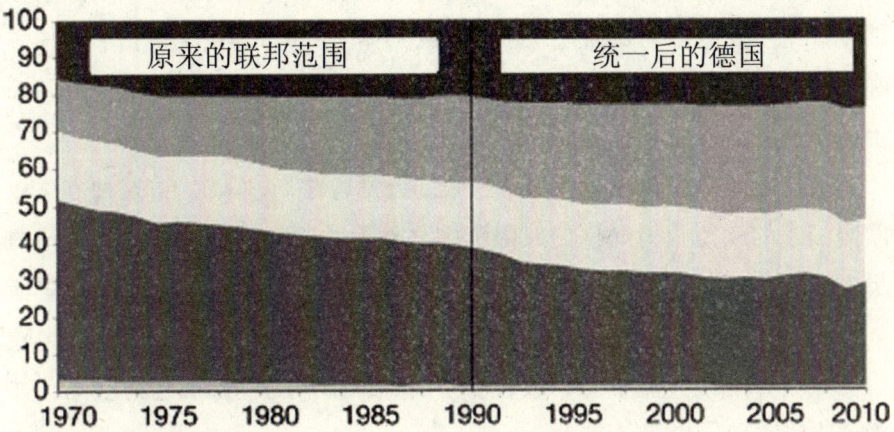

◇ 第三产业：公共和私人服务业
◇ 第三产业：金融、租赁、企业服务业
◇ 第二产业：矿业、加工业、能源和供水、建筑业
◇ 第一产业：农业和林业、渔业

---

❶ 欧洲银行第一次赞扬同统一服务业公会2012年公共服务的工资标准的缔结，在这一标准中，未来两年的薪酬将增长6.3%，此举将减少欧洲的社会不公，促进欧洲稳定，参见：爱娃·罗特（2012）。银行赞扬统一服务业公会主席比谢思科，国民经济学家称赞公共服务的薪金水平缔结时说，"这个薪金标准减少了欧洲的不平衡"，载《柏林报》，2012年4月1日，第10版。

经济改革和社会结构变迁中的劳动关系
Wirtschaftsreform, Sozialstruktur und die Umgestaltung der Abeitsverhältnisse

在这一过程中，新组织的生产和服务部门不再拥有迄今为止企业氛围下工会的组织程度。只有45%的德国西部雇员和35%的德国东部雇员有企业职工委员会代表他们。工会结构和组织上的弱化在欧洲范围内都有所显现，并给欧洲范围内的新自由主义政策提供了可能。

### 三、对欧盟的回答：
### 从卢森堡、里斯本到"2010规划"

为使劳动力市场的效率能够通过"就业能力和企业家精神"[1]的改善得以提高，在20世纪90年代末的所谓卢森堡进程中发展出一种欧洲就业战略，这个战略以阿姆斯特丹条约（欧共体条约第128条）被拓展的任务和资格为基础。在这之后，就业战略的主题应当在当年年度报告的基础上结合经济政策加以确定。

报告和评估的方法是"协调一致的公开方法"（OMK），这种方法在欧盟国家的欧盟权力允许的权限范围之外为欧盟机构创造了政治活动的更多可能。这一方法首先在卢森堡进程中使用，后来扩展到2000年里斯本条约基础上的其他政治领域。与之紧密联系的是里斯本战略，即把欧盟变成世界上最具竞争力和最有活力的、以知识为基础的经济空间，并为此决定"最佳步骤"。

理所当然的，欧盟内就业政策措施的协调一致，其目的在于提高就业能力、增强企业家精神、提高适应能力和促进机会均等。"增强企业家精神"尤其应当通过这样一些措施加以推动——使企业更容易实现职工自主性的过渡、帮助小型和超小型企业的创立。职工的适应能力应当通过劳动组织的现代化、工作规则和合约的灵活化以及劳动力市场政策措

---

[1] 贝格格林-默克尔，2005：《卢森堡进程》。见：贝姆冈·迈克尔主编：《欧洲联盟词典手册》，斯图加特。

施的改革得以实现。这些改革的目的是，建立一个自由化、解除管制的劳动力市场，从而实现"降低劳动价格"❶，同时又不阻碍低薪工作扩展的可能机会。

这一目标的设立，首先是在日益全球化和知识导向型的服务业社会发展大背景下提出的，也见于托尼·布莱尔和联邦前总理格哈特·施罗德1999年6月的战略文件中。"产品、资本和劳动力市场必须全部灵活化。""灵活的市场是现代社会民主的目标，必须同积极的社会福利国家重新定义的角色相结合。"为此，需要的是一个"坚实的、有竞争能力的市场经济框架"和公共产业的现代化，并将效率、竞争思想、效益思想引入这一框架。积极的就业政策必须同强化自我负责相结合。劳动力市场需要一个"低薪"产业，"来支配低素质工作岗位"。❷

2003年出台的"2010规划"实际上是旨在改革社会保障和劳动力市场的里斯本战略的德国版，施罗德领导下的红绿政府提出实施。这个议程的核心内容是通过所谓"哈茨IV法律"来实现劳动力市场政策的改革。

## 四、联邦政府的劳动力市场政策改革及其影响

在联邦政府的委托下，一个由15名专家组成的旨在进行劳动力市场政策改革的专家委员会于2002年成立。在这个委员会中，有领先经济、银行和咨询企业的代表，如戴姆勒·克莱斯勒、德意志银行、麦肯锡、

---

❶ 摩森·马萨拉特，2010：《缩短工作时间：应对新自由主义和大众失业的计划》，载《社会主义》，第37年度第10期，第32页。

❷ 德国社会民主党，1999：《欧洲社民党人的向前之路》。格哈特·施罗德和托尼·布莱尔的一个建议（伦敦，1999年6月8日）。见http://www.glasnost.de/pol/schroederblair.html。

巴斯夫的董事会成员及政治家，学术界和工会也各有两名代表。

2002年8月，这个委员会提出其旨在提高劳动力市场效率的建议——"劳动力市场的现代服务业"。哈茨计划的目的被解释为，4年内将失业人数从400万减半。为了达到这个目标，需要就业支出、发展有关劳务派遣和临时工的低薪产业的新规则写入法律。对失业救济金和社会救助的新规则也同样适用。在第一部法律（"哈茨I"）中，首先要改变机构，为工作的新形式（劳务派遣和临时工）创造可能。随着"雇员委托法"（劳务派遣的去规则）出台，期限禁令、同期禁令、重新雇用禁令和委托期限的限制提高到了至多两年。由此也消除了可能的低薪产业的限制。

在这个法律中，尽管固定了欧洲提倡的很多平等原则，即劳务派遣者和雇佣派遣劳务的企业的固定员工享有同样的待遇。但是，即使是法律明文规定，也存在着工资标准的偏离。"哈茨II"确定了少量就业的雇用形式的规则。"哈茨III"着重关注了联邦劳动局变为联邦劳动处的结构重组和改制。"哈茨 IV"则规定了，在"失业救济金II"中同时引入失业救济金和社会救济金，低于此前的社会救济金：西部345欧元/每月，东部331欧元/每月，不包括房屋租金、暖气费和其他津贴。资产将被进行评估，也就是说，只有这些钱都用完了，才能发放社会救济金。

这些措施的目的，首先在于租金劳动力市场的灵活化和重新规则化，以及发展一个低薪产业。这个产业能够促进德国经济，不仅对涉及的人有所影响，而且对就业整体的薪金制定也有影响。工会的战略则自20世纪90年代末起就专注于改制过程大背景下的就业保障。德国是欧洲范围内唯一一个2000年到2008年实际薪酬降低（降低了0.8%）的国家。16%的德国公民在2009年受到贫困的威胁。即使德国停留在"高水平"的状态下，仍有65%的人始终处在较低收入的领域。❶

---

❶ 亚娜·吉奥伊亚·鲍尔曼，2011：《一次贫穷，终身贫穷》。德国新的社会报告显示，社会弱势群体较以前相比，晋升的可能性更少。载《贸易报》，2011年10月12日，第17版。

这个低薪战略是德国在欧洲的角色和"世界出口冠军"地位的原因之一。如果人们将目光投向雇佣临时工人的企业，看到的主要是大企业，特别是有出口行为的大企业。

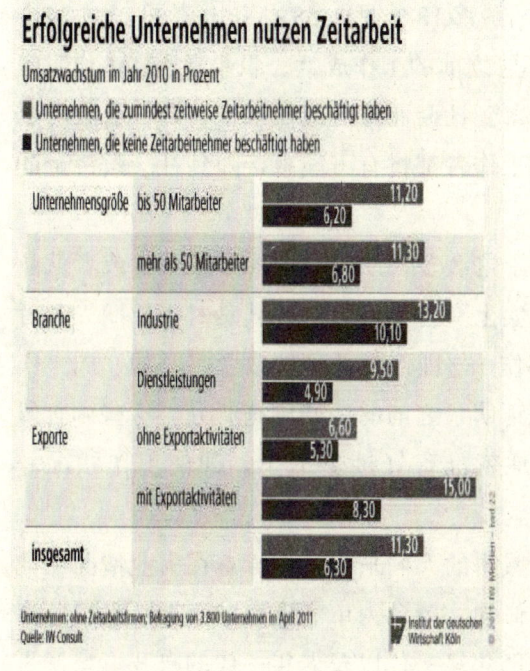

（从上至下：

成功的企业使用时限劳动

2010年销售额增长率

使用时限劳动者的企业

完全不使用时限劳动者的企业

企业规模50个员工及以下

50个员工以上

产业工业

服务业

出口没有出口行为

有出口行为

总计）

经合组织（OECD）2011年的数据❶显示，失业率为7.48%，而长期失业者所占比重即达3.9%。❷2007年至2011年，有就业能力的失业救济金领取人数上升了10万人，达到136万。大约有56万就业人员，他们原本拥有社会保障的工作并支付了社会保险费，到2011年就无法再靠他们的工作维生了。这大约占全联邦范围内经过社会保险的劳动者的2.5%，其中

---

❶ 根据联邦政府的数据，2012年1月有308万失业者，但不包括：超过37万58岁以上的失业者，120万正在培训或者借用劳动的工作者，近40万从事1欧元工作、社区工作者、社区或私人继续教育合约履行者，以及60万以上的生病者。

❷《失业与长期失业》，载《OECD中的社会公平 – 德国位于哪儿》，《可持续治理暗示者》，贝尔特斯曼基金会，2011年，第24页。

有33万人是全职工作的。❶

哈茨法规进一步加剧了社会的两极分化。根据OECO2011年的数据，德国社会凝聚力排在第15位，位于美国之后。❷

失业救济金的时限虽短至最多18个月（58岁以上者可超过24个月），这对每个人都意味着，不管之前的工作成就、职业素质、工作时间如何，在失业一年之后将只能拿到社会保障的最低水平，即社会救济金水平。此后，每个社会层级的工作者都将有可能直接降到社会救济金的水平。

同时，合理性的规则变化了这么多，以至于因为素质不合或者就业环境恶劣而拒绝就业机会在事实上变得不可能。尤其是对于长期失业者来说，他们有义务接受任何工作——即使是低薪的或者临时的、周工作时间低于20小时的工作。这也证明了之前的一些调查研究。这些调查研究证明，失业者倾向于更早地就准备好接受工作，即使工作状况并不好。❸

这对失业者以及受到失业威胁的人们来说，意味着在失业情况下他们的职业素养也将受到贬低的倾向。劳动力市场上倾向于期待愈来愈高素质的劳动力。这对18至24岁的年轻一代以及老年一代的自我形象产生了影响。

之前只局限在较低社会层级的就业困境，由此在全社会变得普遍化。

**劳务派遣/临时工和长期失业者**

从2001年到2011年，有期限的劳动关系的数量急剧增长——从170万

---

❶ 2010年，联邦宪法法院认定，"哈茨IV"对14岁以下的儿童的需求是成人的60%规定，抵触了基本法的平等原则，不符合宪法。

❷ 同上。

❸ M·雷碧恩/ A·凯特那，2011：《"哈茨IV"改革后求职者和就业者的妥协意愿》，见 WSI-Mitteilungen, 64. Jahrgang, Heft 5, S. 218 – 225。

上升到270万。几乎每两个新工作中就有一个是有时间限制的。

与此相对应,在有时间限制的工作者中,临时工的数量上升了。根据Rölfs Partner代办处的调查表明,劳务派遣的数量继2011年上升19%后,2012年还将上升11%。"据此,2012年限时工作者的年平均数量将第一次超过100万人";在过去10年中,德国派遣劳工的数量增加了两倍。❶

2010年6月开始,每月超过30%的就业机会是时限工作。从2010年8月到12月,这个比例甚至上升到超过34%。这个数字在2011年2月是32.5%。拥有250个员工以上的企业中,67%的新雇员是有时间期限的。

在同样的工作中,派遣劳工要比固定员工少挣几乎40%。2009年,旧联邦州派遣劳工毛收入的中位数为每月1456欧元。而所有全职员工毛收入的中位数则为2805欧元。在可对照的工作时间里,收入差距达48.1%。30%以上的全职工作的派遣员工每月毛收入低于1200欧。这一比例在加工业内更为严峻:固定员工每月平均收入3046欧元,派遣员工的毛收入还不到这个数字的一半,只有月平均1400欧元,仅为前者的45.7%。

**长期失业者**

长期失业者的境况最令人堪忧。根据经合组织(OECD)2011年的数据进行的统计结果表明,7.48%的失业者中有3.9%为长期失业者。德国是继斯洛伐克之后长期失业人数比例最高的国家。❷因此,"推动和挑战"的宣传口号对于"哈茨 IV"所涉及的对象人群所起到的作用远不及那些面临社会地位突降和失业危险的人群。

"哈茨 IV"法规的推行不仅是帮助处于社会底层的人群适应最低社

---

❶《超过100万时限工作者》,载《贸易报》,2012年3月12日。见 http://www.handelsblatt.com/unternehmen/handel-dienstleister/studie-mehr-als-eine-million-zeitarbeiter/6319426.html (2012.03.12)。

❷ Arbeitslosigkeit und Langzeitarbeitslosigkeit. In: *Soziale Gerechtigkeit in der OECD – Wo steht Deutschland. Sustainable Governance Indicators* 2011. Bertelsmann Stiftung. S. 24f.

会生活保障标准的一种途径,也是对于可能领取"哈茨IV"失业救济金的人群的一种惩罚手段。这针对的不仅是生产制造业,也同样针对公共服务行业。根据各联邦州州立法所固定的"债务刹车"的相关规定,公共服务行业可以避免进一步负债,从而推进裁员过程。哈茨法规的推行,加重了就业者和失业者——即加重了劳动的商品价值的上升压力。

针对上述发展,工会和左翼政党将给出怎样的答案呢?

## 五、来自左翼党的回答——工会和左派

"哈茨IV"改革引发了来自工会、福利团体和当时的民主社会主义党(PDS)的抗议。在德国各大城市兴起的大规模抗议活动主要针对的便是"哈茨IV"的推行。

值得注意的是,抗议活动最先以无组织的形式出现在马格德堡——位于德东联邦州萨克森-安哈特,1989年至1990年期间是民主德国的机械制造工业中心。由于技术不再先进,而其本身可能成为德国国内市场的潜在竞争,因而逐渐失去重心地位,不被使用。自1993年至2003年,仅萨克森-安哈特州便有48%的工业工作岗位、16%的非工业工作岗位流失。[1]随之流逝的不仅仅是无可替代的工作岗位,还有经济发展区和生活之地的地位。在此大背景下,对于许多有亲身体验的人来说,"哈茨IV"的推行无疑使他们的工作生涯贬值,在政治上,降低到社会救助的水平。

### 工会的反应

许多工会抗议反对"哈茨 IV"法规。尽管工会对于该法规的某些具体规定提出各种批评,但大多数工会仍支持法规的推行。正如德国工会

---

[1] http://www.shrinkingcities.com/fileadmin/shrink/downloads/pdfs/V_Comparison.pdf.

联合会（DGB）主席Michael Sommer对于改革法规中有关派遣劳工、以法律形式固定下来的平等原则表示欣慰，并重提他的建议：在初期为过渡性劳务派遣降低税费。❶2005年"哈茨IV"法规出台实施之前，德国工会联合会一直要求缓和长期失业者的低收入问题，并要求对"可期望性规定"进行修改，使得只有当工作报酬适当时，"可期望性规定"才有效。❷重要的是，对"可期望性规定"的修改，受哈茨法案计划的影响，对于劳动者和经济繁荣均产生了负面影响：

如果无论教育经历如何，都必须拥有工作，获得的培训或者教育认可将会失去意义；

低收入人群中将产生巨大的压力，因为所有人都有可能被强迫参加工作。这意味着收入下降和国内市场需求疲软。不仅是接受救济工作者的收入会下降，而是整体的工资收入水平均会陷入下降趋势；

强调刺激国内劳动力的流动性会带来社会结构的不稳定（如家庭和朋友圈子），也会导致区域性（如在德东）的劳动力人口外流，尤其是年轻劳动力和流动性大的劳动力。

工会赞成不以普遍具有法律约束力的工作合同为基础的市场开放，是最大的失误之一。劳动力市场的去规范化和开放，即使对当时的国家服务业，几乎都是在没有相匹配的社会保障下进行的。

2010年，DGG联邦代表大会决定要求法定额度为8.50欧元的最低工资。除此之外，还有对于劳务派遣的规范和限制，相同地点、相同工作、相同待遇的要求，并再次强调应进一步改善劳动环境和劳动质量。

---

❶ Sommer: Paradebeispiel für sozial gerechte Modernisierung.PM 333 - 20.12.2002. In:http://www.dgb.de/presse/ ++co++522e84fc-1558-11df-4ca9-00093d10fae2/@@index.html?tab=Artikel&display_page=30&search_text =Leiharbeit.

❷ DGB Bundesvorstand,2004: Hartz IV: Verzögerungstaktik ist schwere Hypothek für bessere Vermittlung. PM 133 - 01.07.2004. In:http://www.dgb.de/presse/++co++e97a85d4-155a-11df-4ca9-00093d10fae2/@@index.html?search_text= Hartz+Gesetze&x=15&y=13.

2008年、2009年团结起各个工会的危机社团主义，通过制定关于短工的规定和拆卸旧汽车的奖金，以权威的法律方式帮助德国经济中的出口业，尤其是汽车工业领域度过了危机难关。同时，短期工作在这之后使工作进一步尖锐化、深化和去领域化。该进程受到了来自工会基于一些学术研究结果的批判性的评价。在此情况下，DGB-Index Gute Arbeit（德国工会联合会指数）2011年的调查结果明确表明（该机构自2007年起每年进行一次全国范围的就业者工作质量的调查）：63%的就业者在同样的工作时间里所需完成的工作量逐年增加；而27%的从业人员和职业女性需要经常性的在工作时间之外保持通讯畅通，以供公司召唤；15%的从业者则需额外加班加点，完成工作任务；20%的在职人员每周的加班时间超过10小时。总而言之：加班的时间越长，工作压力越大。在一年的时间里，49%的工作者即使感觉"真病了"，还仍然坚持去工作。承受如此忙碌工作负担的全职工作人员中，女性比例高达58%，男性比例为51%。周实际工作时间为45小时及以上的工作人员中，有66%经常性地被工作重负所压。而这样的情况最经常出现在服务型行业、卫生保健和社会工作领域。[1]

作为一个现代化、人性化的社会中的榜样，"好工作"的概念应再度把关注点放在工作条件上，[2]并且同20世纪70、80年代的"工作生活人性化"运动相联系。自从90年代以来，由于全面的行业整合和调整措施所造成的对于工作安全和收入安全的必要重视，该主题在工会中扮演着较为次要的角色。但是2003年之后，该主题再一次作为工会代表工人利益的概要性、全局性问题而受到重视。而在工会关于工作政策的广泛问题

---

[1] 德国工会联盟工作压力。无限制的加大工作力度。2011 DGB-Index Gute Arbeit GmbH进行的一项随机调查的结果。见http://www.dgb-index-gute-arbeit.de/downloads/bilddatenbank。

[2] Schröder, Lothar（Hrsg.）; Urban, Hans-Jürgen.（Hrsg.）: Gute Arbeit, 2009: *Handlungsfelder für Betriebe, Politik und Gewerkschaften*. Frankfurt a. M.: Bund.

中,"好工作"直到2006年才随着调查指数的发展而发展成为"好工作"的概念。

工会坚持维护社会权益,并坚持将这一维护权益的斗争同追问工作质量的问题相连接。根据2012年对6000名劳动者的调查结果,好工作最重要的特征包括工作内涵的意义、同事之谊、对于情感要求的塑造及创造性等等,所以"好工作"的概念非常重要。也就是说,一个由守转攻的工会战略必须将薪金政策、员工参与同"好工作"互相联系:同"好工"同酬。只有用这种方式,工会方可再次达成推进各个经济工业行业的管理和服务方面的进步,而在过去的10年里,这方面的进步处于停滞阶段。上述的行业包括工业的科技、研发领域;同工业紧密联系的服务型行业;行业内中小型、规模不同的配件供应商和服务商,例如清洁公司,以及该领域内迄今为止组织松散的提供个人服务的公司。

**左翼党的作为?**

2003年和2004年的抗议哈茨法规的示威游行者中有许多是德国社会民主党的示威者,他们不想继续其党派的新自由主义路线,并且在2004年组织成立了一个新兴党派——选举替代/劳动与社会公正(WASG)。WASG、PDS(民主社会主义党)左翼是反对哈茨法规的重要活动家。共同的抵抗运动促成了**左翼党**的诞生,从2004年到2007年经历了三年的转折时期,最终正式成立。

左翼党从一开始便致力于废除哈茨法规,主张推行以法律形式固定下来的最低工资制度。他们的长远规划是赞成推行保障生活和免税的最低工资保障。

然而,只要哈茨法规仍然在实施中,如下所列出的基本规定就需要加以改变:

在下一竞选时期提高哈茨法规规定的500欧元的补贴标准。每年的保障金额随当年的消费价格情况而进行调整;

大幅提高儿童补贴标准——2010年联邦法庭对过低的补贴金额标准

加以干涉，补贴额应重新计算；

对于儿童和青少年的特别支持。对于上学费用的补贴、学校教育的补贴和上学期间的午餐补贴；

取消需求核查，取消违反"可期望性规定"时的补贴缩减，由个人承购权取代需求联盟（以家庭收入作为计算的基础）；

取消过高的租金带来的强制性扣款；

所谓的"1欧元工作"应由一个公共支持的工作行业（ÖBS）所取代。ÖBS以自愿、强制性社会保障和法规性最低工资制度为基础——以劳资协定或者符合当地情况的工资水平为指导。

在民社党和选举替代/劳动与社会公正（WASG）2005年共同的竞选纲领中，就已经将追求"新的社会观念"列在其中，包括体面的工作和安全的生存权益；要求创建一个"经济为人而非人为经济"[1]的体制；"取消哈茨 IV"——法定的最低工资机制。在2009年的竞选纲领中，这项要求得到进一步完善和更新，并也确定为2011年的竞选理念之一。《爱尔福特纲领》的"前言"中就已经提出了对于好的、保障生活的工作的要求："给所有人好工作，给每个人更少的工作量——这是我们新一代工作者的诉求。"左翼党主张通过减少工作时间来对工作结构进行重新调整，主张"同工同酬"，主张保障生活及法定的10欧元最低工资。"我们致力于创造全面的事业保障，反对低收入工作、不足以糊口的低工资，反对用派遣劳工和所谓的自由工作替代正规的劳动关系。"[2]

左翼党以代表从业者利益的姿态出现，尤其是代表那些受失业困扰，被失业所威胁，生活受到贫困、社会底层和社会边缘化影响的从业者。左翼党致力于维护社会正义，要求设立最低工资机制，废除"哈茨 IV"法规，维护社会和民主权利，维护政治性罢工的权利——同欧洲其

---

[1] PDS Wahlprogramm, 2005, S. 7.

[2] DIE LINKE, 2011: *Programm der Partei DIE LINKE*, Berlin, S. 6.

他国家不同，该权利在德国工会中不予以承认。左翼党首先是维护迄今的社会福利国家体制的堡垒。由法定的"债务刹车"所造成的社会领域的补助缩减导致了社会福利国家的提出。

然而，迄今为止，左翼党将"新社会观念"的追求同社会性、经济性的重组之间相连接的目标，只在某些阶段得到实现，并且为此赢得了社会广大阶层的支持。但是，对于在环保技术和新兴科技开发领域的权威工作者的利益，左翼党所发挥的支持和代表作用至今仍不明显，这些工作者的生活和工作方式从早些年的社会福利国家的安全保障受到的影响愈来愈少。尽管他们具有纲领性的潜力，但是左翼党仍没有能够同新一代及女性群体开展对话——而正是这些群体的利益，同社会福利国家体制的退步息息相关。

与工会不同的是，左翼党关注的重点不仅是职业工作，产品生产、服务、发展生产力、自主而体面的个人生活也同样是其关注的重点。同时，左翼党在其最新纲领中强调，所有形式的工作——家庭工作、照顾性工作、家务工作——同社会性工作一道，都应受到重视和尊重。同工会的"好工作、好生活"的理念连接，将符合当今的工作及生活方式和界限打破、相互交叉的趋势愈发明显的劳动。左翼党能够将其比工会更强的社会批判性努力同经济民主和个人所有问题相联系，提出工会-左翼党对话并在理念上进一步发展。如果左翼党严肃对待其改变社会的政治诉求，它必须将维护和扩充社会政治制度同改变、重组工作和生活方式，同人人参与其中的改造进程，同改变社会公共机构和社会结构相联系。

为此，左翼党必须把多样化的生活和工作方式作为当今斗争的潜力而进行开发，工会也必须如此。唯有这样，方可全盘把握写入党纲中的"现今"劳动的共同的阶级境况，并将其转化到政治行动的选择中去。

# 经济危机对左翼政治的影响

[德]托马斯·韩德尔❶

上一轮的经济危机以及欧洲各国政府的反应使得欧洲化抑或去欧洲化再度成为欧洲左翼政党争论的话题。一部分人想要简单地打破这一"集权帝国主义的产物";另一部分人则呼吁对欧盟的政治进行根本性的改革,使欧盟成为一个真正民主的、社会福利的、生态的、和平的联盟。除此之外,向往"欧洲合众国"的呼声又被重新点燃。而关于这一话题的讨论可以追溯到远至18世纪。

欧盟在这几年已经发展成为一个与世隔绝的精英组织。虽然表面上看,民主和欧洲的机构得到了强化,但是欧洲的人民在关于欧洲事务的讨论中却愈来愈多地失去了话语权。英国的政治学家柯林·克劳奇将这一现象称为"后民主"。挖空心思的政界精英和跨国企业的院外政治势力逐渐使民主机构丧失了权力。欧盟政治的这一现状令许多人对其表示失望,与其保持距离,对其给予批评,甚至想要再次回到民族国家的时代。

欧洲的左翼政党迄今始终未能给欧洲人民设计一个长期的、共同的蓝图。的确,欧洲在经济危机期间的政治想要掩饰现存的体系问题,同时总是将商界精英们的利益放在第一位。但是上述蓝图并不能仅仅停留

---

❶ 欧洲议会议员。

在对这一政治的批评上。以金融市场为基础的集权资本主义不会给欧洲带来民主的未来。

左翼政党必须将此次危机作为一个契机,在欧洲发展出一个自己的模式。这一模式将会引起欧洲政治体系的根本变革,以大众利益为中心的更加强大的欧洲联盟将建立在新的基础,也就是说更好的协议基础之上。

我们的目标是建立一个团结合作的欧洲。在这里,有好的工作和生活环境,社会保障完善。为了达到这一目标,我们不仅要规范金融市场,还要通过发展二级市场,建设公共设施和完善政治制度来获得系统的稳定性。其中,完善政治制度包括建立有利于环境生态和社会福利的工业经济制度以及通过强化民主机构来达到真正的民主化,即让各个阶层的公民都能参政议政。

如果可以成功地动摇新自由主义政治和思想的霸权地位,让大众共同建设一个新的欧盟,那么,欧盟的面貌将焕然一新。它的创造性潜力将惠及全世界的亿万人民。

# 经济改革、社会结构
变迁与劳动关系

# 不同的发展轨迹

## ——中国经济重获平衡及其劳动政策

[德]博伊·鲁瑟❶

最近十几年里,在中国政治经济学研究中,有关就业与劳动政策转型的研究是最薄弱的环节之一。西方人对中国就业的认知主要来源于私有化和国有社会主义企业规模不断缩小的印象,或是臭名昭著的血汗工厂在悲惨的条件中建立起生产网络,加工全球品牌商产品的形象。然而,最近的研究显示,中国的劳动政策尽管表面上有政治体制集中化的特点,其实已多有分歧。与此同时,产业和地区间的劳动冲突也呈递增态势。

劳动力市场和劳动政策的变革是2008-2009年全球经济危机❷后,中国经济重新谋求均衡发展的重要举措。经济的可持续发展是以国内市场为中心,并且建立在大多数劳动人群工资增长的基础上,这就不可避免

---

❶ 哲学博士,法兰克福社会研究所经济研究员,约翰沃尔夫刚歌德大学社会科学领域私人讲师。其工作重心为生产全球化以及工业发展中国家(尤其是中国)的工作社会学。广州中山大学政府学院客座讲师,夏威夷火奴鲁鲁东西中心客座研究员。

❷ 了解最近的评估,可参阅欧亚集团的报道:《中国重获经济平衡的伟大计划》,纽约/华盛顿特区/伦敦,2011年。

地要求对车间、行业到地区间的工资收入和就业更加持续地加以规范，尤其是在重点制造业领域。中国现存的劳资关系体制很难用合同保障工人的工资、工作时间和权益，而中国的工会也缺乏制度上的独立性，难以成为集体代表和集体议价的代理者。因此，中国面对的挑战似乎具备某种历史重要性，或许可以同美国新政和20世纪50至60年代的美式和平之后，其他工业化社会战后社会契约的构建进行比较。

鉴于这一背景，本文试图用新的方法从公司、行业和地区层面分析中国的劳动关系。❶这一分析涉及西方和中国的劳动社会学和劳资关系理论，将"生产制度"的概念应用于中国新兴的资本主义。文章主要关注中国现代核心产业，例如：炼钢、化工、汽车、电子、纺织和服装业。研究探讨了大公司的生产制度，劳资合作的新模式，日益加深的不公正，中国经济现代产业中劳动政策的分歧，以及有关劳动标准、集体谈判和工人参与等领域进一步改革的成效。

论文第一部分介绍了当前中国和国际就中国劳动关系特征的转变而引发的辩论。第二部分涉及中国相关产业经济和社会控制模式所发生的转变。第三和第四部分将从概念和分析的角度深入探讨中国现代制造业的生产制度。第五部分将论述管理控制的新模式和制度化劳动关系的缺失的相互关系，而这种劳动关系是建立在集体谈判和劳动力民主参与的基础之上。

总之，在发达的工业生产环境中，规范资本主义劳动关系的车间制度很薄弱，这被视为中国经济增长模式转型，即转变成高工资收入和各

---

❶ 该论文早前的版本已于2011年3月30日至4月1日在夏威夷火奴鲁鲁召开的亚洲研究协会的年会上发表，并提交给2011年6月23日至25发表在马德里召开的社会经济学促进会的一次小型会议——"中国与当代资本主义"。作者还向东西方中心Chris McNally，德国科隆的马克斯-普朗克社会学研究所的Tobias ten Brink致谢，感谢他们为促成此事付出的努力，感谢他们与作者就"中国经济重新谋求平衡"的课题继续开展研究。

阶层的劳动群众扩大内需的发展模式的主要阻碍。同时，劳动政策着重于个人劳动合同的法律基础的改革而不是集体代表和民主管控的改革，其局限性开始显现。在这种情况下，中国许多政策制定者所构想的各阶层合作的劳动关系转型似乎为之尚远。❶可是，个体和群体的劳资冲突日益增多，尤其是2010年5月和6月间发生在中国南方汽车制造业的罢工浪潮，呼唤着中国劳动制度的根本改革。

## 一、劳动关系的转变——概念、方法与视角

虽然对劳动政策改革的争议没有太公开化，也常被西方媒体忽视，但它却是中国社会、经济和法律专家长久以来的议题。这些争论围绕如何建立资方、工会和政府参与的三方机制，以确保在发展的产业经济中构建"和谐的劳动关系"。这些争议的许多方面对于西方人来说是惊人地熟悉，因为中国学者经常诉求于"三方代表"、"合作主义"或"社会参与"等概念，均形成于美国新政时期现代劳资关系制度确立之后，以及20世纪20年代初期德国富有创意的工厂委员会立法通过之后。基于西方研究基础之上的学者也用这些概念分析中国当前劳动关系的变化，有时甚至希望根植于欧洲和日本的"协调型市场经济"❷能够胜过美国的"自由市场经济"❸，许诺中国工人一个更加美好的未来。

---

❶ 我们的研究是基于30个有关各个领域主要企业和精选的供应商的案例，本次调研由法兰克福社会研究所和中国该领域一流的研究所合作完成，还得到了汉斯-鲍克勒基金会的资助。本文只概述了案例研究的结果，若期望得到全部论文，请与作者联系。

❷ Wolfgang Streeck和Kozo Yamamura，2001：《非自由资本主义的起源》，绮色佳，伦敦：康奈尔大学出版社。

❸ Anita Chan，2008：《中国劳资关系制度的演化——日本、德国模式和中国的职工代表大会》，载《劳动关系期刊》，2008年1月刊，第52—65页。

然而，这种分析必须克服两个难点。首先，中国大多数的工会（以及资方的组织）均缺乏普遍的合法性，无法独立于政府，还没有资本的独立性，而这些是在三方谈判和政策制定机制中能够代表工人利益的基本条件。其次，可能更加重要的是，中国劳动关系的重构正愈来愈多地发生于西方国家和日本的生产和劳资合作模式之下，从而削弱了集体代表制，全行业谈判和工作保障的主导形式，例如，众所周知的工业化国家战后社会契约形成的基础。尽管中国的转型的确是独一无二的，可是关于工会主义的生存，以及在资本主义组织和控制模式全球化背景下的劳动安排方面，中国至少在某种程度上与之不谋而合。

中国主流媒体对劳动问题的报道受到来自于西方商学院的新古典自由主义标准论调❶的支配，愈来愈多的有关中国劳资关系的严肃调查提出了在现存的、快速变化的制度框架下，如何从法律上保障、政治上控制劳动标准的根本性问题。有争论认为，中国通往市场经济的转型已基本完成，但是劳动关系的规范仍很不完整和健全。❷

针对以市场为导向的管理方法和新企业家精神的社会特征，人们提出了复杂的问题，这是否代表有必要让新的专家和技术阶层在市场经济下管理公司，或是某个阶层与劳动者的利益相抗衡。尽管在概念和定义上尚存分歧，人们的共识是有关劳动政策的政治决策很好地代表了商业和公司的利益，而劳动者的利益却基本未加考虑。政府立法和制定政策以使劳动政策协调，建立资方、员工代表和政府就最低工资、工资指导线、社会保险条例等关键议题和其他与构建"和谐劳动关系"❸相关的主

---

❶ 王一江，2006：《市场机制可有效保护劳动者权益》，载《财经》，2006年第5期。

❷ Bill Taylor，常凯，李琪，2003：《中国劳资关系》，切尔滕纳姆：爱德华-埃尔加出版社。

❸ 常凯、乔健，2009：《中国劳动关系报告——当代中国劳动关系的特点和取向》，中国劳动社会保障出版社，第1—61页。

题，实行三方协商的机制。然而，日益严重的权力失衡被视为通过立法和制定政策实现上述目标的基本弱点。

工会的角色是关键问题。例如，常凯和乔健认为，工会缺乏维护劳动标准的基本能力，因为工会陷入了传统角色的困境之中，即作为国企管理功能的一部分，主要负责福利、休闲娱乐和婚娶等事务。虽然国内的劳资冲突迅猛递增，表现在工人（无论个体还是群体）的劳动诉讼案和非官方的、以工人抗议和罢工为重要组成部分的"群体事件"数量急增，可是鉴于这种情况，工会在大多数情况下是缺席的。

如果用国际劳资关系的语言来解读该观点的话，我们或许能将中国当前劳资关系实践的特点描述为"四方参与的三方协商机制"。[1]由于缺乏集体的劳工标准和谈判以及工会代表的不完整，工资关系由三方协定就有了严重的局限性。"破碎代表"是因为工会在工资、工作时间和工作条件等关键问题上缺乏集体协商以及工会在工人中缺少合法化，所以它只能有限地代表工作场合中职工的利益。另外，还有大量没有成立工会组织的领域，尤其是在中国的私企和外企，而且集体谈判在行业和地区层面几乎不存在，这些都造成了现在的局面。最后，中国的企业主也没有形成自己的组织，面对员工和工会，特别是在集体谈判中代表自己的利益。中国资本家、中国海外资本家和外国资本家更愿意直接通过他们与各级政府和共产党的关系，将他们的诉求传递到政治进程中。

"四方参与的三方协商机制"的概念指的是西方（例如：德国和瑞典的理论）合作主义劳动制度的批判理论，该理论分析了作为现代资本主义监管体系的一部分，资方、工会和政府三方公开或暧昧的交易。这些根本的制度安排没有被视为组织间的固有机制，而是被视为历史形成的权力关系。因为他们需要通过动员普通工人参与有限的运动——然

---

[1] 常凯，博伊·鲁瑟，2008：《中国劳动关系的转型及其特点》，法兰克福社会研究所工作论文。

而，这些运动不应逾越"政治上可接受"的限制❶——从而复制其精神和物质的基础，而达成的协议恰恰是满足了这种永恒的需求。

当然，中国的情况有所不同，在现存的框架下，工人的动员尤其会迅速地指向国家和地方政府。而且，正如从今天中国主流媒体报道中看到的那样，这些抗议通常是自发的，诉诸武力手段的。很明显，中国缺少发达的、制度化的文明社会所拥有的、存在于社会运动和国家之间的缓冲与保障，比如葛兰西称之为"霸权主义国家"❷的基本要素。由于缺少这种调解劳资冲突的社会体制，工厂则是高度敏感的场所，工人与管理者之间的社会冲突很明显，必须受到管控。

表1 "四方参与的三方协商机制"

```
            政府
             ↕

    工会 ←——→ 雇主
        ↘   ↙
         ↘ ↙
         劳动者
```

---

❶ Josef Esser，1982：《危机中的工会》，法兰克福：Suhrkamp出版社。
❷ Bob Jessop，1990：《国家理论：把资本主义国家放在合适的位置上》，剑桥：Polity出版社。

鉴于上述背景,我们的分析无法假设历史上已建立的政治体系,劳资关系中稳定的制度和行动方。相反,我们必须关注这些制度的转型,新的制度安排的出现,劳资关系的"最佳实践"模式,还有政治监管的不健全,特别是存在于中央政府和地方政府间的问题。针对变化着的社会权力的思考角度是如此富有活力,因此我们提到了生产的"政治学"和"政治制度",最近对中国劳动关系的研究和全球生产网络中劳动政策的分析都采用了这两个概念的多种形式。[1]

## 二、经济重组和控制的多种模式

面对中国大规模的工业化,以及涉及众多行业的、现代化的、复杂的生产环境的快速发展,我们不得不拓展视角,超越"新"与"旧",国有与私营的概念,以及工人阶级的相关变化。我们需要探讨公司劳动关系中日益扩大的差异,这些差异起因于经济社会转型的不同类型,亚洲和西方的新生产模式,相关价值链的断裂,在新的劳资合作模式以及劳资双方融合于传统的中国生产代表方式的背景下,大公司生产制度发生的转变。

在宏观经济层面,三个关键的因素决定了重组的推动力。

第一,自上世纪70年代末中国实施改革开放的政策以来,逐步的市场化和私有化实践,使得全国的产业结构、所有权形式和对资本积累的掌控都发生了反转。随着20世纪90年代中期以来私有化和经济转型的加速发展,私营企业和其他各种盈利性的国企和半国企成为所有制掌控的

---

[1] 要了解更多的理论论述,可参阅Ching-Kwan Lee,2007:《抵触法律:中国老工业区和阳光带的劳工抗议》,伯克利:加州大学出版社;Stefanie Hürtgen,博伊·鲁瑟,Wilhelm Schumm,Martina Sproll,2009:《从硅谷到深圳》,汉堡:VSA出版社。

主要形式。与此同时，工业生产的重点从面向国内市场，生产基本工业品和消费品转向快速发展的出口型行业，如：纺织服装业、鞋业、轻型消费品业，特别是玩具、家装、电子等行业。我们研究所涉及的5个门类——汽车、化工、钢铁、电子和服装纺织制造业都是中国经济的现代核心行业。正如下表所显示的，这些行业中绝大多数雇员都在非国有企业就职。

第二，经济的转型正是发生在大量劳动力持续未充分就业的情况下。造成这种情况的主要原因是农业，它提供了源源不断地增长的农民工，依据各种统计、定义的方法，其数量已达两亿多。另外，20世纪90年代末，由于传统产业和国有企业的结构调整而造成大量人员失业，更增加了21世纪头10年的产业工人的供给。自从经济结构加速调整以来，中国经济每年给城市劳动力市场提供800万至1000万的新增就业机会，以便吸收劳动力的过量供给。❶

第三，加速的经济增长却伴随着个人消费的持续减少，而经济增长主要依靠资本投入。个人消费占国内生产总值（GDP）中的比重从1988年的51.1%，降至2005年的38.9%，而资本形成的占比则从36.8%增至44.1%。尽管在最近10年中，大多数城市人口的可支配收入大幅增加，可是工资在GDP中的占比却显著下降，这也导致了迅猛扩大的不公，中国也是世界上收入不公程度最严重的国家之一。因此，目前增长模式的特点是劳动阶层主体长期的消费不足。❷

---

❶ 博伊·鲁瑟，2006：《中国新资本主义中的经济现代化与产业关系》，载《争辩》，2006年第48期，第61—75页。

❷ Martin Hart-Landsberg, Paul Burkett, 2007：《中国、资本累积与劳动》，载《每月评论》，2007年第5期；Hung, Ho-fung, 2008：《中国与全球过度积累的危机上升》，载《国际政治经济学评论》，2008年第15期，第149—179页。

表2　中国的核心制造业（单位：百万）

|  | 2007年就业人数 | 非国企人数 |
|---|---|---|
| 汽车 | 2.57 | 1.61 |
| 化工 | 3.09 | 2.33 |
| 钢铁 | 1.88 | 1.12 |
| 电子/信息技术 | 4.26 | 3.85 |
| 纺织/服装 | 4.83 | 4.22 |

数据来源　中国国家统计局

表3　需求结构、占GDP比重（以目前价格计算）

|  | 1988 | 1990 | 1995 | 2001 | 2002 | 2003 | 2004 | 2005 |
|---|---|---|---|---|---|---|---|---|
| 个人消费 | 51.1 | 49.1 | 46.1 | 47.2 | 46.5 | 44.9 | 46.6 | 38.9 |
| 政府消费 | 11.6 | 12.1 | 11.4 | 13.4 | 13.2 | 12.6 | 16.9 | 14.2 |
| 本地资本形成 | 36.8 | 34.7 | 40.8 | 38.5 | 40.2 | 43.9 | 50.5 | 44.1 |
| 货物和服务净出口额 | -1.0 | 2.7 | 1.7 | 2.3 | 2.7 | 2.3 | 3.0 | 4.6 |

资料来源　哈特·兰兹伯格和保罗·柏克特，2007年

数据来源　亚洲开发银行，亚洲和太平洋地区发展中国家的主要指标，中国，更新于2006年7月21日，http://www.adb.org.

中国经济的重点制造业呈现出高度不同的所有制形式，竞争与管理的方式、融入世界市场的方式也千差万别。一方面，钢铁业仍然被国企掌控，石化业被国企掌控的程度稍弱些。大型钢铁和石化企业，像宝山钢铁、河北钢铁、武汉钢铁、中国石化和中国石油是世界同类企业中规模最大的，它们企图获得全球领导地位。在化工业，私营经济快速扩张，合资和外商独资企业扮演着更加重要的角色，例如德国的化工业巨头巴斯夫、拜耳和中国某些特大化工业联合体。

汽车业处于国有和私营的中间地带。该行业由中方控股的三家大型跨国合资汽车企业中国一汽、上汽集团和东风汽车集团主导。规模稍小的私营和地方政府所有的汽车生产商和汽车控股公司也是重要的竞争者。虽然外国企业掌控技术和品牌，但是中方对管理方式施加了有力影响，尤其是对于成立较早的合资企业，像上海大众汽车已经采用了国企

的管理方式。

相反，电子和纺织服装业——中国雇用员工人数最多的两大行业却是以私营为主。分包商和跨国公司的子公司主宰了行业的格局。在电子行业，垂直整合的代工生产商，如富士康和伟创力士是行业中员工人数最多的公司。然而，该行业有着高度细致的分工。像芯片生产这样资本和技术密集的领域，与关注设计和研发的计算机和互联网设备制造商，代工生产商，以及大量技术要求低、薪资低的元件制造商共同存在。❶纺织服装业是"传统"的分包业，它主要由中小企业组成，国际多种纤维协议签订之后，曾期待该行业进行整合，可是至今仍进展有限。

生产方式的多样性伴随着所有权和管控模式的多样性。在钢铁和化工业，大型工厂在龙头企业中居于优势地位，它们拥有高度的垂直整合模式、现代化的技术和相对稳定的生产线，以长期雇用城市工人为主。汽车业已广泛采用日本和西方精益生产的方式，曾经稳定的核心劳动力，尤其是在成立时间较长的合资企业中的劳动力，日益面临外包、弹性工作制以及来自供应商和临时性劳动机构中务工者的竞争。电子和服装行业的环境与传统的产业环境反差最显著。在这里，全面的生产外包和制造业从工业化国家转移至中国已形成规模前所未有的大量分包生产。❷在电子业，大型工厂和工业园（有些园区有成千上万的员工）的高端制造技术和组织管理已经成为常态，而在服装业中处于支配地位的仍是传统的、科技含量低、薪酬低的血汗工厂。因此，许多中国出口企业饱受诟病。

---

❶ 博伊·鲁瑟，2007：《中国IT业的劳动关系：关于国际劳动标准讨论的新视角》，汉斯-伯克勒基金会委托研究项目，法兰克福，见http://www.boeckler.de/show_project_fofoe.html?projectfile=S-2007-14-1.xml。

❷ 博伊·鲁瑟，Stefanie Hürtgen，Peter Pawlikci，Martina Sproll，2011：《从硅谷到深圳——IT业的全球生产与劳动》，科罗拉多州，博尔德：罗曼和利特尔菲尔德出版社。

在最近数十年，经济条件的差异演绎成为结构调整的不同场景，决定了劳动力的组成及其体验的不同。钢铁业经历了从传统计划经济到市场经济的最剧烈的转变，但是也遭遇了最大规模的工人抵制下岗和打破"铁饭碗"的运动，发生于2002年的东北大罢工就是例证。在2002年至2007年的钢铁业高涨期，行业规模增长迅速，拥有高度现代化工厂的大型企业日益占据优势地位，随之而起的是拥有地方政府支持的小型钢铁生产商的快速涌现。在石化和汽车行业，私有化的影响不是如此强烈，可是这些行业还是变化颇大，因为它们引进了顶级的制造技术，精益管理模式和生产外包，而大多数民营厂商和服务公司从事的领域不断细分又促进了外包业的发展。

电子和服装业的结构调整几乎完全发生于全球生产体系中，鲜有与计划经济一脉相承之物，该行业受到跨国品牌公司有力的市场控制，极度依存于世界市场的兴衰。在电子业，中国政府支持国内高科技市场与科技的发展，然而，服装业没有受到国家高层的太多关注。可是，因为该行业经常积聚在东部沿海半农村化的服装生产区，具有高度的地区积聚性，所以有些地方政府最近开始主动采取措施提高服装企业的技术和能力，有时也包括用工条件和劳动者技能。

以上所有的行业，除石化行业以外，都遭遇到结构性产能过剩的问题，这和世界上其他国家的情况相似。中国经济融入资本主义的全球发展体系的事实，在2008至2009年全球经济下行时尤其明显，当然，也具有一些重要的中国特色。遭遇到最严重冲击的是类似电子、服装和其他为西方零售业生产廉价商品的出口型行业。在这些企业里，被暂时解雇的临时工数以百万计，有时还有大量的工人抗议。像汽车和化工这类主要面向国内市场的行业受到的影响较小，并且还能从政府的巨额支出项目中获益。这些行业可以基本避免临时解雇工人，为留住其核心劳动力，经常采用大幅减少工作时间和薪酬的方法。在钢铁业，上述策略遇到重大困难，因为许多钢铁企业，尤其是规模较小的地方型企业，因为受到其关键客户行业,尤其是建筑和造船业需求萎缩的影响而陷于崩溃。行业重组主要集中于全球性国企对小型钢铁企业的接管,然而,该行业最近抗议的浪潮表明这种策略具有社会敏感性。

## 三、核心行业的生产制度

随着中国生产方式的转变,日益显露出资本主义世界经济中劳动与工人阶级的分化,曾经统一的劳动政策也迅速变得多元化。只有少数的中外学者探讨过上述问题。

最近,西方的劳动经济学把中国的劳动场所作为资方与劳方的争议领域,进行了大量研究,因为在这里,斗争和妥协共同确立了某种生产制度。[1]其中,Lee Ching Kwan对工厂和基层的劳动制度的研究最有名。他的研究发现,在中国北方地区的传统重工业中,曾经就职于国企的大多数城市工人正在失去其终身制工作,在中国南方的新型出口生产基地,民工形成了新的、极度不稳定的大规模劳动力,而这两个地区的劳动制度和工人抵制方式存在着深刻的差异。[2]

考虑到这种情况,人们开始分析中国"老工业产业带"和"阳光产业带"的不同生产制度。在老工业区,工人的再生产主要依靠其所在城市的单位提供的工资、福利、住房和社会服务,工人还把自己的单位视为抗议和抵制的合法渠道,这种单位是毛泽东时代"社会契约"的产物。在具有国际化市场的南方企业中,工人的再生产完全依赖于他们通过劳动所得的微薄工资,除了在家乡的农村中所拥有的农村经济和建立

---

[1] Michael Burawoy,1985:《生产政治学》,《资本主义和社会主义下的工厂制度》,伦敦:维梭出版社。

[2] Ching-Kwan Lee,2007:《抵触法律:中国老工业区和阳光带的劳工抗议》,伯克利:加州大学出版社。

在家庭基础上的土地权利，他们没有更多的社会保障。在这种情况下，工人的抗议并不针对早期社会主义阶段的社会价值，而是针对与工人权利有关的、新建立的法律和规章，目的是在他们的工作场所，确立某种"依法治国"的形式。不同的制度安排，导致了工人不同的抗议形式。在老国企工人"绝望的抗议"中，他们会以攻击地方官员为策略，来增加其谈判的政治筹码；而在民工"愤怒的抗议"中，他们因为在传统的政治环境中无法找到谈判渠道，而清晰地感受到作为农民工所拥有的二等公民地位。

虽然上面已经探讨了中国核心产业生产条件的快速分化，可是为了了解各个行业和地区生产条件的差异，生产制度差异化的分析范围还要延伸。另外，生产制度的讨论必须建立在工厂不同的生产政治学基础上，包括生产模式、管理制度、工作安排、工厂规章、工资制度、招聘政策、绩效控制、谈判关系以及确保雇员在生产场所权利的合约基础。当然，该角度的讨论必须分析工会及其基本实践的制度存在或是不存在。

基于我们正在进行的经验研究，中国出口型经济五项关键产业的主要生产商具备以下五种普遍的生产制度。

在资本主义市场和管理模式的要求下，以前的全民所有制企业在转型成国家所有制企业（国企）中生成的最常见的生产制度可以称之为"国家官僚制"生产制度，这种制度主要存在于基础工业，如：钢铁业和石化业。这种劳动制度的特征是具有相对稳定的生产条件——通常是发生在企业大规模私有化重组之后，具有中级和高级技能的核心劳动力，以及有中国特色的薪酬制度，即相对较低的基本工资和通常占个人固定收入一半以上高比例的工作和个人津贴。这种制度下劳动关系的特征是，严格遵守劳动法律和政府规章，工会的地位和西方"共同管理"的理念在政治上一直得到认可。然而，合同对工资、工作时间和其他工作条件的规范力度还很弱。通常情况下，集体合同及其附属协议都没有明确说明工资和工种，或是没有公开说明。

　　跨国公司和中外合资企业"经典"的生产制度是"公司官僚制"，该制度在工作条件和劳动力的稳定性上和国企有些相似，但它又有不同于国企的跨国公司管理和工作制度，常见于诸如汽车或石化类行业的主要合资企业中。此类公司通常支付给员工同行业最高的薪酬，它们的劳动力几乎都由城市工人组成。它们的工资和激励制度与西方传统的跨国公司相似，其特征是拥有相对较高的基本工资（占个人固定收入70%-80%），规范的工作时间以及包括广泛的劳动力技能培训和教育的长期职业培养模式。工会的地位相对安全，作用仅局限于工厂管理，然而，合同对工资和工作条件进行规范的能力仍然薄弱。劳动关系虽然稳定，可是个人劳动纠纷的发生却呈上升态势，尤其是有技能的员工因对工资、工作环境和职业发展抱有较高的期望而提出法律诉讼。

　　在新西方，尤其是美国高绩效管理"哲学"影响下形成的跨国公司生产制度被称为"公司高绩效制"。该制度在许多方面，特别是劳动力的构成类型方面与更加传统的跨国公司类似，但它在劳动力选择、工作安排、职业模式和就业的高度灵活性上，具有更强的绩效倾向。稳定的基本工资不到固定收入的一半，而分红和绩效奖的占比却很高。工会组织很软弱，或是根本不存在，可是，因高技术工人不满而产生的劳动冲突却愈来愈多，包括罢工和通过媒体及互联网进行公开抗议等群体抵抗的形式。这种生产制度一般存在于美国和西欧电子类跨国企业中，也存在于外资的化工企业和某些较新的像华为这样的中国高科技跨国公司，以及一流的韩国和中国台湾企业，如：三星和台积电公司。

　　"高绩效"管理的极端类型出现在制造高端电子产品和其他工业品的、现代规模化的生产企业中，在那里，现代制造技术和组织与对低工资的农民工进行大规模剥削结合在一起。在"弹性大规模生产"制度下的劳动组织，受到大量的劳动分工和灵活用工的支配——即"新泰勒主义"❶，还经常和员工在工厂宿舍的居住情况联系在一起。超长的工作时间虽然常常不符合当下法律的要求，却是惯例，外加通常徘徊在当地法定最低工资水平上的极低的基本工资。生产线上的工人、技术员、经理、工程师的工资收入很悬殊。最近因为《劳动法》的调整，成立了受到资方支配的员工代表团体。除此之外，在此类工厂里，工会组织通常不存在。此类生产制度多见于美资或台资的合同委托生产商、电子行业的元件生产商或是中国一流的消费品生产商中。

在技术装备落后、组织水平低的工厂里，传统的低工资生产制度（"传统低工资制"）在重要的制造业领域和企业中，代表着生产制度的底端。这种生产制度不仅反映了工业化国家和发展中国家传统的劳动分工，而且还是对诸如沃尔玛这样的全球零售商的生产体系的现代解读，该体系决定了中国出口制造业的主要业态。这些工厂的工人主要来自农民工，他们经常住在工厂的宿舍里。与技术复杂的、大规模、弹性化生产相反的是，这种生产制度对剥削的控制和剥削的方法都很简单、直接，建立在命令式的家长制作风的基础上。基本工资徘徊在法定的最低工资线附近，大量的加班是惯例，大多数工人的经济条件只能满足生存需要。计件工资被广泛采用，还要赶时间干活，常常发生克扣法定最低工资的事情。这些工作场所多数没有工会组织，而个人和群体的劳动冲突却相对频发。这种生产制度被诸如制衣、鞋业、玩具和生产其他消费品的轻工业规模不等的工厂和电子供应商或是汽车配件供应商广泛采用。

---

❶ Stefanie Hürtgen，博伊·鲁瑟，Wilhelm Schumm，Martina Sproll，2009：《从硅谷到深圳》，汉堡：VSA出版社。

**表4 生产制度的类型**

| 类型 | 生产模式 | 工作/人力资源 | 劳动关系 |
|---|---|---|---|
| 国家官僚制 | 完备的<br>向高科技方向发展<br>有品牌 | 重组后劳动力稳定<br>城市工人<br>高工资、低基本工资、有津贴<br>劳动力日益分工化（临时劳动力） | 稳定的工会、党组织、与政府的稳定关系<br>集体合同<br>集体谈判能力弱<br>劳动冲突很少 |
| 公司官僚制 | 完备的<br>高技术<br>强有力的品牌<br>掌控市场 | 稳定的用工<br>城市工人<br>有技术工人<br>高工资和福利<br>高基本工资<br>职业激励制 | 有工会、与资方合作<br>主要是集体合同<br>集体谈判能力弱<br>群体劳动冲突少，个人劳动纠纷多 |
| 公司高绩效制 | 完备的<br>高科技<br>强有力的品牌<br>高度灵活性 | 灵活的用工<br>城市工人<br>高工资和福利<br>基本工资低，工资变化大，超时工作 | 没有工会或很薄弱<br>员工参与<br>通常没有集体合同<br>没有集体谈判<br>偶有劳动纠纷 |
| 弹性大规模生产 | 完备的<br>向高科技方向发展<br>无品牌<br>高度灵活 | 灵活的用工<br>农村工人<br>新泰勒主义<br>低工资和福利<br>超长的工作时间 | 大多数没有工会<br>没有集体合同<br>偶尔有劳动纠纷，有时引发冲突<br>违反法定劳动标准 |
| 传统低工资制 | 不完备<br>技术水平低<br>没有品牌或品牌实力弱<br>高度灵活 | 灵活的用工<br>农村工人<br>低工资和福利<br>个人化管理<br>超长的工作时间 | 大多数没有工会<br>没有集体合同<br>经常违反法定劳动标准 |

我们对生产制度的分析是建立在公司的基础上，能代表各行业主要企业类型的一系列案例分析都用到了生产制度的概念。案例的选择主要集中于在各自行业中居于市场领导地位的大型企业，主要关注于现代化生产。案例包括不同所有制类型的企业，例如：国有企业、外资企业、海外中资企业、中国私企和半私有化的多种所有制企业。样本不包括集

体所有制企业和乡镇及村属企业，因为这些所有制形式仅限于中小企业。为了探讨在生产外包下，核心企业及其供应商之间的社会和经济分工，我们的研究还拓展至样本中"旗舰公司"的供应商。我们依据各个行业特定的产业链形式及其完全不同的组合形式来选择案例。要了解所有的样本，可以参阅以下表格。由于保密的缘故，公司名称及其所在地均以匿名形式呈现。

为了对生产制度进行经验式评价，我们建立了一套25项的标准，包含生产模式、工作组织、工作条件和劳动关系的基本方面。对这些标准的评估是建立在通过采访、公司拜访和相关外部渠道获得的量化数据的基础上。为了便于进行案例比较，评价标准也根据中国主导的行业标准被分成三个等级（低、中、高）的简单形式。我们通过对量化信息的主观判断和在拜访公司时进行的观察，作出了大多数的等级评定。部分标准包括一些数据，这些数据来自我们从公司获得的信息，如用工人数、工资和工资阶梯等。我们对工资灵活性的等级评定是依据工资的灵活元素（加班费、奖金和津贴）占工人月平均固定收入的比例。灵活收入占固定收入的比例达到40%-50%被定为高等，25%-40%为中等，低于25%为低等。

表5 案例概述

| 汽车 | 合资企业共4家（中日合资企业2家、中欧合资企业2家），供应商5家 |
|---|---|
| 钢铁 | 国企2家，中欧合资企业1家 |
| 电子 | 品牌外资企业5家（欧洲3家、美国1家、日本1家），中国跨国公司2家，合约委托生产商2家，厂5家（台资1家，美资1家），中小型供应商3家 |
| 化工 | 中欧合资企业1家，欧洲跨国外资企业1家，国企1家，中国私企2家，对小型供应商和服务公司的初步研究 |
| 服装 | 中国私企6家，国企1家，港资企业1家 |

**表6 生产制度的评价方案**
公司名称、生产设备和地点

| 项目 | 高等/强有力 | 中等 | 低等/薄弱 | 评价 |
|---|---|---|---|---|
| 生产组织 | | | | |
| 市场控制 | | | | |
| 垂直整合（公司） | | | | |
| 垂直整合（工厂） | | | | |
| 产品技术（根据行业标准） | | | | |
| 制造技术 | | | | |
| 生产流程的稳定性 | | | | |
| 工作/工作条件 | | | | |
| 专业化、有技能的劳动 | | | | |
| 工作分工 | | | | |
| 流动工人比例 | | | | |
| 女性员工比例 | | | | |
| 临时工比例 | | | | |
| 劳动力的稳定性 | | | | |
| 收入的稳定性（根据激励性奖金和加班费） | | | | |
| 激励机制下计件工作的类型 | | | | |
| 员工参与（在工作场所） | | | | |
| 劳动关系 | | | | |
| 工会的存在和稳定性 | | | | |
| 集体合同（有，没有，从何时开始？） | | | | |
| 工资的合同规定 | | | | |
| 工作时间的合同规定 | | | | |
| 职业健康和安全标准 | | | | |
| 福利（社保和其他） | | | | |
| 工资等级 | | | | |
| 灵活收入（绩效奖、加班费、津贴） | | | | |
| 个人劳动纠纷 | | | | |
| 群体劳动冲突 | | | | |

## 四、别样风景：关键制造业的生产制度

我们的案例研究在许多方面证实了这次调研活动的基本假设，也就是中国出口型经济核心领域的生产制度日趋分化。人们假设市场关系的激增将对中国经济现代产业的劳动关系和劳动条件产生一致的影响，这一假设构成了人们对中国计划经济转型主流描述的基础，可是我们的研究结果却与此矛盾。在各个不同行业中，生产制度的复杂组合，伴随着完全不同的工作条件、劳动报酬和社会规制还在衍生。在这种情况下，不同行业采用的生产制度是不一样的。

在汽车行业，公司官僚制的生产制度（也被称为"传统跨国公司制/传统合资企业制"）是标准模式。由于大型合资企业在该行业处于主导地位，所以生产制度只有很少的变化。新兴、独立的中资汽车制造商似乎也遵循这种模式，因为它们一直在亦步亦趋地仿效国外跨国公司的管理和质量监控策略。然而，近几年在乡村新成立的一些汽车厂商（例如：五菱汽车公司就是通用汽车公司位于贵州省的特别成功的合资企业，主要生产轻型货车）的生产制度更接近于"公司高绩效制"。另外，公司高绩效制和"传统"低工资的弹性大规模生产在汽车配件的供应领域扮演着更重要的角色，这种生产制度给汽车供应链的生产创造了许多可能，以形成降低工作成本的社会环境。

与汽车制造业不同的是，电子行业更加多元化，这主要是因为行业的品牌生产商和非品牌生产商的生产模式高度分化，另一个原因是在该行业的全球重组中，不同公司采用了不同的人力资源管理策略。在主要的电子品牌生产商和芯片制造商中，"公司官僚制"、"公司高绩效制"和"传统低工资制"的生产制度都存在。"公司高绩效制"可能是行业的主导模式，这是因为该生产制度居于支配地位，以及信息技术业在全球舞

台的持续转型。然而，电子行业几乎不存在"国家官僚制"的生产制度，因为"传统"的国企在该行业无法发挥任何作用。电子行业生产领域的主要生产制度是"弹性大规模生产"，这种情况在全球主要的电子制造服务商和原装设计制造商的大型工厂和工业园中可见一斑。我们研究中未调查到某些合同委托生产商的生产制度更接近于传统低工资生产，电子元件供应商的庞大产业，包括许多拥有较强科技实力的大型公司也都是采用该生产制度。❶

我们项目所调查的其他行业也有其独特的生产制度组合。在钢铁业，国企居于主导地位，外资企业数量极少，所以国家垄断的生产制度处于支配地位。然而，超大型的旗舰企业，如宝山钢铁、武汉钢铁和河北钢铁与地方政府所有的稍小型国有企业之间似乎发生了重要的变化。后者的生产制度似乎一直不稳定，主要是因为公司先前私有化造成的持续影响，当下危机的巨大影响和中央政府产业调整计划而带来的行业重组。最近发生了两起工人群体性的暴力抗议，反对地方钢铁企业可能的关闭，这两起引起中国社会普遍关注的事件更加突出地反映了地方钢铁企业生产制度的不稳定。在我们调查的两家地方政府所有的钢铁企业中，国有官僚制的劳动关系，通过雇用临时工、大量灵活用工和弹性生产并存。

在化工行业，各种生产制度都存在。中国主要的石化企业采用的是国家官僚生产制度。主要的中外合资和外商独资企业的生产制度可以归类为"公司官僚制"，与上文所说的汽车制造业多少有些相似。行业内领先的跨国公司将垂直分工的整合化生产模式与高薪策略结合在一起，以此吸引包括操作工在内的有技能的工人，确保平稳的工作节奏（这也是为了安全生产的需要）、稳定的职业模式和相对较低的支付给生产一线工

---

❶ 请参考Stefanie Hürtgen，博伊·鲁瑟，Wilhelm Schumm, Martina Sproll，2009：《从硅谷到深圳》，汉堡：VSA出版社。

人的弹性报酬比例。这些公司的劳动关系是建立在稳定的工会组织的基础上,也遵照了本国西方公司的传统模式。在行业内特定的细分领域里,稍小的外资跨国公司采用的是"公司高绩效制"的生产制度。这类公司虽然也雇用具备高技能的劳动力,然而,它们的工资较低,薪酬更有弹性,职业模式更灵活,工会组织多数很薄弱,劳动关系的正式架构是为了满足法定最低工资的标准而搭建起来的。在化工行业这个不是十分专业化的领域内,中国私企,尤其是面向国内市场,主要生产农用化学制品、药剂品和低端染料的企业,多数采用"传统"低工资生产制度,可是某些掌握更高技能的企业正试图使它们的生产劳动升级。然而,在一项深入调查的案例中,公司技术起点的提升,好像并没有带来劳动实践的升级,产生了生产模式和劳动关系的分歧,这与上述电子行业的传统低工资企业情况相似。

最后,在纺织和服装业中,"传统低工资"的生产制度很盛行。制衣业的低工资特征本质上与小车间的工作环境有关,大多数相关的生产过程都在此完成。决定这种服装企业生产模式特征的,不仅是它们对品牌零售商和相关国内外贸易行的订单的依存,还是服装生产地区小生产商之间高度交织的劳动分工,在那里,生产在各类不同的专业化企业间持续交换。生产的网络化特征可以被视为整合大规模手工劳动的特定方法,是在不需要投资、不需要支出大工厂生产所需的社会成本的情况下,高度分工的产物。这种生产模式颇具灵活性,可以适应全球消费市场极富周期性的发展。与此同时,这种生产网络使服装生产不再需要集中于大型工厂或企业中,这也是该行业产业升级的最主要壁垒。在这种情况下,只有极少数的公司在冒险改进生产和提升人力资源。在我们研究的案例中,服装企业正在朝"弹性大规模生产"的模式发展。

然而,要注意到生产制度的差异与行业的关联日益增加。这尤其与外包数量的激增和生产的模式化有关,这种情况特别存在于诸如汽车、电子、纺织和服装等加工装配业之中。在纺织和服装业中,大多数的生产都是在全面外包和转包的基础上进行的，结果是，一方面，生产商都采用弹性大规模生产和传统低工资生产制，生产条件相近；另一方面，"无工厂"的品牌公司和贸易商贸行里的技术专家、事务工作者和销售人员的薪酬相对丰厚。汽车制造业的情况最复杂，因为该行业在最近十年里，目睹了大规模推广的西方和亚洲的模式化生产方式，这种方式完全推翻了如中国第一汽车集团、东风汽车集团般的大型国企及其供应商，或是像上海汽车集团这类合资企业的传统的、垂直整合的汽车生产模式。❶

最近几年发展最快的行业——中国汽车供应行业的生产制度，因为其改制的不同轨迹和特定公司及其细分领域不同的发展方式而大相径庭。那些来自欧洲、美国和日本的第一级跨国汽车供应企业的生产制度通常与大多数合资汽车装配企业一样，采用了公司官僚制和公司高绩效制。供应链第二级和第三级的情况，看上去明显不同。随着劳动力的分工日益精细，传统的国企生产制度（主要存在于国有汽车集团的子公司）和中小型民营的汽车零配件供货商所采用的传统低工资制并存。面向日本汽车企业的供货商，有时也为其跨国母公司所共有，这些供应商采用了与电子行业合同委托生产商的生产方式相似的弹性大规模生产制度。不同的生产制度也造成了城市工人和农民工大规模的劳动分工。尽管重要的汽车装备企业和大多数第一级供货商的劳动力是城市员工，他们享有相对稳定的用工关系和体面的工作环境，然而绝大多数甚至是所有供货商都是雇用农民工的。

---

❶ 若需要更好地分析中国汽车供应产业链组织方式的政治经济学，可参阅Eric Thun，2006：《正在改变的中国航道：直接投资、地方政府和汽车业的发展》，纽约：剑桥大学出版社。

表7 生产制度的分布

| 钢铁业 | 国家官僚制（传统国有企业） |
|---|---|
| 化工业 | 国家官僚制<br>公司官僚制<br>公司高绩效制 |
| 汽车制造业 | 公司官僚制<br>供应商情况不一 |
| 信息技术/电子业 | 公司高绩效制<br>弹性大规模生产<br>传统低工资制 |
| 纺织/服装业 | 弹性大规模生产<br>传统低工资制 |

## 五、生产制度与管理特权

研究的案例显示企业生产制度日趋多样化，也显示出中国产业经济各个领域具备某种控制模式和劳动政策。生产制度反映出在不同条件下，不同领域、不同地区间某些共性的体制化模式和社会实践，结果造成不同企业具有相似的资方、劳方和政府间权力配置关系。这种相似性还诠释了主要企业劳动政策的一致性，企业所采用的生产制度被人力资源管理和企业策略的最佳实践模式所证明，又被人力资源专家、学术界、顾问和律师事务所等广为传播。这些普遍的实践表明，在中国"社会主义市场经济"背景下的资本主义企业，不是简单地试图避开国家在不同层面对其生产劳动的控制，而是具备一定的行为策略模式，可以针对法律改革、政府政策、工人在车间和劳工法庭上的个人申诉、群体性劳动冲突和公众对劳动标准的关注。对于劳动政策改革，来自非政府组织的压力以及中国公众对民工在工厂的工作条件给予关注的问题，两大重要合同委托生产商的态度是令人惊讶的一致，这也是很好的说明。

企业在日常实践中的行为策略是如此相似,恰好印证了研究中国劳动关系学者的观点,也就是在中国当前的政治体系下,资方的利益逐渐以有组织的、相协调的形式呈现出来,这一点在他们对劳动法改革的争议或是最近雇主试图通过中央和地方政府机关认同的豁免政策来推翻劳动合同法的关键条款的行动中可见一斑。[1]另外,资方对劳动策略的影响在地方层面很强,因此形成了某些公司或行业整套心照不宣的特权做法,还造成了城市之间甚至同一城市内劳动标准的不完整,在我们对一家重要电子委托生产商的三家工厂的比较研究中,这种情况尤其明显。然而在不同的生产制度下,车间劳动制度的高度政治化,并不意味着企业对行业、地区或当地的基本劳动标准的规章感兴趣,这些劳动标准包括工资、工作时间、福利和资历规定等。由于在中国,各种不同类型和属于不同国家的企业似乎很享受对于车间基本工作条件几乎无限制的管理特权,因此,很明显没必要面对员工代表、工会、政府或政党,通过资方组织或议价协会来协调基本劳动政策。因此,基本劳动标准的协调仅仅局限于在地方层面对某些高技能职位薪酬的非正式协商,以及人力资源经理间就互不聘请对方精英达成的"君子协定"等。

由于缺乏集体议价,资方、政府政策和目前由工会代表劳方的既定实践模式相互作用,形成了一套法律、政治和"道德"的规则,在这种规则之下,工资关系的某些要素被规定,而其他要素则被略过或受制于雇主和员工代表间没有约束力的协商。这些共同造成了中国企业在不同程度的制度化下,支离破碎的规章体系,同样也决定了在不同生产制度下劳资关系形成的背景。以下的表格或许可以有助于解释,中国既有某种"硬规则"和"软规则",也有成套的、除了特权以外的"无规则"关系。

---

[1] 常凯,2009:《劳权保障与劳资双赢——"劳动合同法"论》,中国社会保障出版社,第78页及以后。

"硬规则"指的是法律、政府规章以及集体合同中有关资方和员工代表协商程序的基本条款。这些硬规则主要与要求签署劳动协议，有关工作时间、加班、职业安全与健康、临时用工和最低工资的法律和规章。采用国家官僚制、公司官僚制和公司高绩效制的企业的劳动制度通常接受这些规则，而采用弹性大规模生产方式和属于传统低工资制的企业比以往更愿意接受劳动政策的改革，更愿意接受工人日益增长的、维护其在劳动场所合法权利的意识。

"软规则"通常体现在集体合同内，指的是有关工资、福利的协议以及政府推荐的劳动实践的指导方针。例如，软规则包括在集体合同和政府指导方针中规定的年工资增长、奖金的支付、福利、申诉处理和员工协商。在"企业社会责任"的机制或资方主导的合作型劳动关系的外国模式下，员工协商的部分机制也属于软规则范畴。有的软规则是资方和劳方基本自愿地达成的协议，用以确定某些标准或是确定对工资和其他基本工作条件的预期。这些协议是没有约束力的，可以被单方面废止。通常资方与员工代表达成的相关协议是不对其他员工公开的，正如我们在上一章所分析的某些汽车企业工资分类的案例。

在车间层面，与薪酬、激励机制、工作组织和质量有关的大多数工资关系构成要素没有形成合法的、合约式或制度化的规章。对于按小时和按月发放的准确的工资数额、工资和工作的类别、工作速度、激励与绩效控制、工作组织、工龄权利和群体劳资冲突的所有领域而言，情况更是如此，这些要素在中国现行的劳动法之下被视为不存在。在我们所研究的不同生产制度中，这些劳资关系的主要问题仍然没有通过法律准则和具有约束力的集体合约加以规范，即使在具备高度正式的劳动关系的企业里，情况也是这样。

## 表8 硬规则、软规则、无规则

| 硬规则 | 法律<br>政府规章<br>集体合同程序 | 劳动合同<br>工作时间、加班时间<br>基本职业安全与健康<br>临时用工<br>最低工资 |
|---|---|---|
| 软规则 | 集体合同的内容<br>工资协议<br>政府的指导方针 | 工资调整<br>奖金支付<br>福利<br>员工协商 |
| 无规则 | 按小时或按月发放的工资<br>工资制度/级别<br>绩效/工作强度<br>工作组织<br>资历<br>集体议价和群体劳资冲突。 | |

在此背景下，我们案例研究的结果或许能够诠释为什么在中国三方劳动关系的基础仍然薄弱，以及为什么工人的不满和群体劳动冲突没有在生产区内寻找制度化的申诉机制和以利益代表为基础的工会来解决，而是一直在找寻其他的解决渠道。中国劳资关系的三方机制很薄弱，不仅因为在谈判桌上，作为劳方和资方集体代表的工会和雇主协会的缺失，还因为缺少在集体谈判中常见的关于工资和基本工作条件的集体合同规范。在工会组织作为制度而稳定存在的生产体制中，诸如国家官僚生产制和公司官僚生产制中，工会组织因具备"政治"谈判能力而在代表员工利益方面起到一定作用，它的这种能力根植于中国社会主义早期阶段"社会契约"的传统。在较新的"高绩效"和"低工资"生产制度中，工会组织要么不存在，要么缺少合法性。所有这些解释了为什么在全部的案例中工人的申诉和动员都直接指向政府，因为在劳动争议法庭上，它们起到法律制定者的作用，而通常当地的劳动局又起到管理者的作用。

因此,生产制度与不同形式的劳动抗议及工人动员有关。国家官僚生产制度存在大量个人议价,主要是针对津贴和奖金的分配以及加班工作的安排。大规模的社会动员偶尔会发展到不受工会、政党和政府机关的控制,如:发生于2002年中国钢铁业的骚乱,或是最近林钢和通钢的工人占领工厂及杀害资方代表的事件。在公司官僚制和公司高绩效制的生产制度中,对工资、工作条件和工作绩效的争议好像基本通过现存的、程序化的、公司内部的工资机制加以相对规范。然而,在城市劳动力市场上,尤其是对于高技能员工而言,还存在大量个人议价。有时,员工会借助集体动员的方式来抵制职场重组,曾被广泛报道的西门子手机部和设计中心与台湾明基于2006年的整合案例就是如此。在弹性大规模生产和"传统"低工资生产制度中,生产场所管理的独裁制度非常制约工厂里的个人议价,这种制度往往会延伸至工厂的宿舍中。个人议价最通常的手段是经常跳槽,导致了在这种情况下,居高不下的职场流动率,以及偶尔发生的集体罢工,伴随着大规模针对当地政府的公共行动。

表9 劳资纠纷的模式

| | |
|---|---|
| 国家官僚制 | 个人议价,偶尔的大规模运动 |
| 公司官僚制 | 有限的个人议价<br>关于薪酬和工作分配的个人劳动纠纷<br>偶尔的针对公司重组的抗议 |
| 公司高绩效制 | 有限的个人议价<br>关于薪酬和工作分配的个人劳动纠纷<br>偶尔的针对公司重组的抗议 |
| 弹性大规模生产 | 个人议价受制于严格的公司管控<br>高流动性<br>关于薪酬和职业安全与健康的劳动纠纷 |
| 传统低工资制 | 关于工作纪律的日常纠纷<br>关于薪酬和职业健康与安全的个人和群体劳动冲突<br>偶尔的大规模运动 |

因为对基本工作条件的管控不受约束,所以造成了中国公司劳动体制的一系列不平衡,导致了员工对薪酬、用工关系和技能发展的持续不安全感,形成了通过大量延长工作时间和个人的"自我剥削"来弥补较低的基本工资的长期趋势。我们的研究揭示了,在各种生产制度下,以不同方式存在的这类普遍问题。

较低的基本工资和弹性的高工资外收入,包括津贴、奖金和加班费,这些形成了超时工作的持久激励机制。在弹性大规模生产和传统低工资的生产制度下,这种激励效果是处于法定最低工资水平的基本工资和经常超过法定范围的加班工作合力形成的。在公司高绩效制中,通过各种"高绩效"工作管理和人力资源管理制度形成了弹性薪酬和加班工作的激励机制。在公司官僚制的生产制度中,广泛存在的发给工人的个人津贴和奖金机制,是弹性工资的基本要素,外加基本工资。只有在"公司官僚制"的企业中,基本工资和传统上来自发达工业化国家的工资标准一致(基本工资占月固定收入的比重通常是70%-80%),这类公司大多数企业的加班时间通常被限制在法定标准之内。

强势的工资等级制和广泛存在的对民工、妇女和临时工的歧视,削弱了"同工同酬"的原则。而且,该结论适用于除了"公司官僚制"和部分"国家官僚制"企业外,所有具备不同生产制度的企业。对工资等级制的限制与工业化国家中"传统"跨国公司和合资企业的历史标准相似,反映出各自的外国母公司受到福特主义工资制影响,也反映出在20世纪50年代,中国国企所实践的"按劳分配"的苏联模式,以及在"文革"之后,改革开放初期,这种模式的重新引入。❶然而,自从20世纪80年代末的市场化改革后期以来,取消对工资的规定具有深远的影响,所造成的薪酬不平等程度,是大多数工业化国家至今所未知的。

---

❶ 参考Luigi Tomba,2002:《劳动改革的悖论》,伦敦:Routledge/Curzon出版社。

对工作绩效的评价被具有个人特色的机制所支配，随意的工作和任务分配，雇用关系普遍的高度灵活，意味着企业完全缺乏以资历为基础的生产场所规章、工作分类和职业保障条例。似乎只有在"传统"跨国公司和合资企业的生产制度以及某种程度上的国家垄断制度中，资历作为工作安排和绩效策略的基础，才能发挥某种作用。然而，即使在上述情况下，对资历的规定也不具备合同权利，只依据公司的单方面行为。

普遍存在高度灵活的雇用关系和较低的职业安全感。这种状况的影响在中国经济的低工资、大规模生产领域尤其明显，例如，在全球金融和经济危机之后，在弹性大规模生产和传统低工资生产制度的企业中就可见到。尽管工作数量已经大幅度减少，可是中国媒体最近报道，金融危机之后有了新的"劳动力短缺"，这是对今天中国这种现象的极端阐释，而且农民工和农村社会要承受劳动力市场的灵活性带给他们的社会成本。最近，劳动法律的改变，尤其是《劳动合同法》的调整，当然限制了用工灵活性可能给员工造成的最糟糕的影响，然而，从长远角度来看，只有通过建立在集体合同权利上的保障措施，极大地制约资方在"雇用和解聘"方面的特权，才能缩小劳动力市场灵活性的基本范围。

最近发生的一些事使我们看到了希望，工人的集体行动将迫使工会在谈判中承担起工人集体代表的角色。在2010年5月至6月间发生于中国南方的汽车供应行业的罢工浪潮就是最好的例证。在像本田和丰田这样的日资汽车企业供应厂里发生的工人罢工，导火索是工人面对某些公司的资方向下调整薪酬标准，以削减最低工资上调的企图，要求调高工资和公平分配收入。这再一次显示了确保工人在车间的工资和工作条件的合同保障，从根本上是缺失的。劳资斗争主要是因为工人要求他们的工资水平和其他供应厂保持一致，从而产生了非常不正规的统一谈判。资方高层代表、来自核心汽车工厂的工会官员和精干的劳动法专家共同参与，提高了工资，解决了争议，但是对于资方对工资和薪酬标准的特权却没有多少约束。然而，在一些显著案例中，地方和省级工会了解工人的需求，在少数工厂开始工资谈判。尽管这些谈判对生产场所权力关系产生的长期影响仍待评估，上述事件成了整套政府政策的参考模式，这些政策旨在促进广州的民主管理和集体工资协商制，当然这也是迄今为止，中国在劳动政策改革和生产场所与工会民主化方面采取的最具抱负的举措。❶

## 六、结论：没有面向中国工人的新政

中国关键产业生产制度日趋多样化的事实表明，建立全社会接受的劳动标准愈来愈困难。在某种意义上，中国正面临着和发达资本主义国家相似的问题，工厂倒闭、企业重组、新的生产模式和日益增多的非工会工人以及没有安全与合法地位的移民，这些因素共同作用，使得劳动关系在不同类型的企业间日趋分化，在重要的工厂和供应商、工会与非工会的劳动力、"老工业区"和"阳光带"地区和其他许多分类中存在。

显然在中国的行业与劳动关系中，资本主义市场的力量，未能给就业人群创造同等的条件，未能促成集体应对劳资间日益扩大的权力和收入的不平衡。反而，不同的生产制度成为产生和复制这种工人间不平等的重要因素。另外，工人阶层中，农村与城市的界限逐渐重叠，渗入到复杂的生产制度中，这些制度使得不同生产领域和劳动力市场里，不同层次的城市与非城市劳动力融合在一起。

在这种背景下，中国集中式的劳动关系体制看上去愈加空洞，这一

---

❶ 若要获得详细论述，可参阅博伊·鲁瑟的《中国汽车业的工人罢工：为什么他们赢了？》，载《劳动笔记》，2010年12月，详见 www.labornotes.org.，要了解从中国地方工会改革者的视角进行的分析，可参阅《广东的工会组织和工人斗争：博伊·鲁瑟对陈伟光的采访》，载《全球劳动专栏》，2011年4月第55期，详见http://column.global-labour-university.org/。

制度体现在统一的工会结构和国家政策之中。生产的社会条件的分化有效地削弱了"自上"规范劳动关系和劳动标准的做法，体现在近几年对劳动法律的改革中。如果无法通过集体协议以及在行业和地区层面具有广泛合法性和协调性的谈判来确保劳动标准，那么，这样的改革或许只有象征意义。根据发达工业化国家多方面的经验，劳动法只能给规范劳动标准提供大致的框架。它的实质内容是由资方和劳方的集体权力关系以及他们在工厂、企业和行业中的代表性组织所决定。

以合同化协议对基本工资、工作时间和工作条件进行有效集体规范的缺失是共性问题——存在于不同的生产制度里，存在于所有的企业和行业中，在国有和民营企业中也是如此。工资和用工条件的高度灵活性好像是"高端"和"低端"工作场所制度的共性，通常还伴随着普遍存在的加班。然而，辛勤工作换来相对较低的收入并不是中国工人的生理癖好。相反，激励工人遵守纪律和辛劳工作是工资制度、绩效评价和工作组织的一部分，形成了工人在工作场所的竞争。

缺少社会接受的、经合同认可的劳动标准，不仅造成了极大的工资收入不平等，还促使企业对技术工人的极端竞争，以及各层面相应的劳动力短缺。这也被视为造成中国收入极端不平等的主要原因，基尼系数等宏观经济指标达到了令人吃惊的程度就是明证。在最近的经济萧条中，薪酬和用工的灵活性起到了特别负面的影响。反过来，拥有大量低工资流动工人的公司和行业削减了数百万的职位，顶级的国企、合资企业和跨国公司则试图留住他们的工人，甚至在停工时期也是如此。可是，在这样的工厂里，工人的收入会减少很大一部分，因为加班费和各种与生产相关的激励性薪酬是他们固定收入的重要组成部分。

尽管最近关于中国和世界在危机期间该采用什么经济策略的争论，聚焦于刺激主要新兴经济体国内市场需求的呼吁上，然而，无论是全球银行业和企业界的权威人士，还是中国相关的政府机构和专家团体，都没有解决中国经济核心领域中工资的灵活性及对工人收入和购买力造成负面宏观经济影响的问题。只有少数的中国劳动领域的专家提到了,在大萧条时期,资本主义国家的经验,尤其是罗斯福新政,为了促进经济增长,大量的政治努力和社会运动使重点行业结成联盟,还通过集体议价和劳动者权利的扩大,确立了基本的薪酬标准,保证了体面的工作。❶

显而易见,上述想法和主宰中国经济辩论的新自由主义思潮相抵触,和"自上而起"构成官方"和谐社会"基础的、技术专家统治论的改革方法也有矛盾。因大多数西方国家的劳动政策是从战后社会契约转变而来,所以,对于中国工人而言,新政仍遥不可及。相应的劳动关系的支离破碎,"不完整"的三方机制伴随着工人利益相当零散的代表,这种局面在可预见的未来可能会掌控有中国特色的劳动关系。

然而,某些工人阶级通常会借助令世人震惊的动员行动,比如,发生在2010年春的中国南方民工大骚乱,或是最近在中国示范区中,针对主要钢铁企业重组的抗争继续提出了进一步改革的问题。假如西方工会组织能够在它们自己的地盘上维护基本劳动标准和集体规章,那么,它们的劳动运动可以给中国的学习过程提供许多重要经验。

---

❶ 乔健,2009:《发展和壮大工会组织的必要性与必然性分析——来自美国大萧条时代劳动政策的启示》,载《新人力》,2009年4月刊,第36—42页。

# 在波涛汹涌时扬帆起航

## ——论2013年联邦选举准备阶段的政党政治

[德]米夏尔·布里[1]

2012年1月,在自民党三王来朝节的聚会上,该党主席菲利普·罗斯勒以绝望的傲慢说道:"如果谁还从未被逆风阻挡住,反倒是速度更快了,谁就将在我们自民党中感到非常自在。"经济危机疾风劲吹,所有进入联邦议会的政党都在为2013年的联邦选举而准备扬帆起航,不排除出现突然转向和逆转的可能。正因如此,自民党把执政联盟推向破裂的边缘,以便重塑其自身形象。拥有6%到9%民调支持率的海盗党准备将事实上已经复杂的政党阵营再次复杂化。该党2011年秋的党代表大会提出了如何取得统一战略的说明。

下面将比较他们提出的立场。这是一个关于其可能性和界限的讨论分析。

所有政党都面临着同样的困难,即高度缺乏安全感。经济危机还没有过去——无论在金融体系、货币体系,还是在现实经济当中。局势仍未定。在极其有利的情况下,德国的统治精英能够继续保持目前的政治

---

[1] 罗莎·卢森堡基金会社会分析研究所。

稳定和经济增长，但也不能排除出现经济停滞或新的严重经济衰退。❶在这一背景下，所有政党在2011年底都提出了自己的政治方针，开始准备选战。这就有可能进行总结分析和比较。

## 一、作为"中间阶层政党"的基民盟和基社盟及其民族保守派

自2005年以来，在联邦总理安格拉·默克尔领导下的基民盟是最团结的。她当时果断地采取新自由主义方针，赢得了险些失败的2005年选举。她经历了执政和危机。作为总理和党主席使基民盟有义务保障政治权力。党内和选民内部的矛盾只在保持权力所必需的程度上被加以考虑，但不会更多。只要这个方程成立并带来成功，就能保证团结一致。

安格拉·默克尔是自由保守的人民党这艘巨轮的船长。她在2011年11月基民盟党代表大会发言❷中提到，党的"固定的指南针"，"不变地"指向"自由、团结互助和公正这三项基本价值"。基民盟是"代表中间阶层的伟大的人民党"，她的"社会模式"是"社会市场经济"。它实现了"劳动和资本之间、经济理性和社会公正之间的均衡。"可以看出来，有意思的只是如何在这里摆弄次序：先提及劳动，然后是资本，接下来以经济理性开始，然后附加上社会公正。就像杂技里耍弄圆球一样

---

❶ 见：罗莎·卢森堡基金会社会分析研究所：《一种开放的历史局势：冲突面——场景——干预的可能性》，载罗莎·卢森堡基金会：《观点》，2011年第38期（http://www.rosalux.de/fileadmin/rls_uploads/pdfs/Standpunkte_38-2011_web.pdf），详见：《金融市场和资本主义的自身危机——对左翼党的挑战》，（http://www.rosalux.de/fileadmin/ rls_uploads/pdfs/Standpunkte/IfG_Organische_Krise_des_FMK_Herausforderung_f%C3%BCr_die_Linke_2011.pdf）。

❷ 德国基民盟主席报告，安格拉·默克尔博士。见http://www.leipzig2011.cdu.de/images/stories/docs/111114-rede-merkel.pdf。

玩弄概念，达成一种动态的平衡。这种只是表面上的随意性的重点是市场经济。

与安格拉·默克尔在讲话中公开提及永远指向同一方向的基本价值指南针形成强烈对照的是其领导的基民盟所采取的、她所重视的根本改变：突然真的抛弃核能以及妇女就业、向二元教育体制过渡（取消为成绩特别差的学生设立的职业学校）以及取消义务兵役制、发展积极的移民政策和社会融合政策并实施"工资下限"——与传统基督教保守社会阶层的背离已经大到几乎不能再大了。默克尔遵循一种现代的权力政策——相对于手段而言是非常随意的。她的模糊之处在于纲领。路线调整并没有被大肆宣扬，而是在日常被执行。路线的改变是经常的。

基民盟2011年党代表大会的高潮是创造了"工资下限"这一新词汇。在经历了近10年的激烈政治讨论之后，"最低工资"的要求被接受，新自由主义主张被颠倒过来。实施"工资下限"的理由被详细列举。它使资本利益、经济利益优先和容纳工会、与不受管制的劳动力市场的"毒瘤"作斗争以及国家的、家长式的救济发挥同样的作用。默克尔在讲话中说道："在我们当中，没有人想要全面的、法定的、统一的、由政治确定的最低工资。（鼓掌）我们相信，作为社会市场经济的组成部分，劳资自治是重要的组成部分，并且必须得到加强。（鼓掌）但是，亲爱的朋友们，今天的劳资自治早已不再像从前那样包括如此多的就业情况，这也是现实。因此，我们现在就不能简单地说：因为劳资自治是对的，我们就根本不再关心其结果了。——我们说：我们要在没有劳资协议的地方设立工资下限。我们不希望人们在没有法律保障之下生活。但我们也希望劳资自治得到加强，我们的指导原则是被认为普遍适用的行业劳资协议内容以及今天还适用的内容。因为我们不想自己制定工资下限，所以我们就请求劳资双方这样去做：为每个人提供一个方向，一个定位，从而使人们知道工资下限在哪里，但它不是由政治确定的，而是由劳资双方在现有劳资协议基础上确定的。这就是我们的态度，而且这一态度是正确的。(鼓掌)"被隐瞒的情况是，工会恰好在目前工资相当低的那些地方还很薄弱，因而工人们主要是依靠国家的。

这是一种政治语言，它想稳定新自由主义的金融市场和资本主义，附带着接受社会均衡和社会共识的基本内容。如同在临时工补贴危机中所采取的保障储蓄账户、实施报废补贴。教育政策或护理方式的改变也指向同一方向。并非偶然地，安格拉·默克尔紧接着上述所引段落就提及瓦尔特·奥肯为社会市场经济所提出的理由：作为"马克思主义（即阶级斗争）的替代方案"以及"资本主义堕落"的替代方案。而且为了不让人们以为是总理选择这样的语言表述，她补充道："瓦尔特·奥肯当时是这样讲的。"当她说："我们经历了贪婪，我们经历了赌博，我们经历了赌场资本主义。所有这一切都是社会市场经济的对立面。"（记录中标注："个别鼓掌"）她对当前经济危机原因的"批判"达到了顶点。默克尔的结论是："因此，社会市场经济永远是制定方向和规则所不可或缺的，市场能够在其框架内运作。"

这种象征性语言的含义是：市场已经给定；市场是真正的推动力；市场是自由的表达。形象地讲，就像是高速公路——自由公民在相互竞争中都争着尽可能快地到达终点——只要"护栏"没有被撞断。在"毒瘤"威胁到政治稳定或经济竞争力的时候，"中间阶层的政治"就应当限制这种自由的作用。但问题是，默克尔政府能否保持目前的路线。如果在德国的领导下，希腊、西班牙或葡萄牙的"护栏"被炸得粉碎，欧洲内部因货物需求下降导致竞争日益激化的同时，因"2010规划"而受损的德国"护栏"还能保持不坏吗？

默克尔的现代保守人民党立场得到基民盟/基社盟联邦议会党团主席弗尔克·考德尔的支持。他有意识地代表一种国家保守主义。为此，他划定了与土耳其甚或还包括与希腊的界限；他是那种将自由的宗教实践提升到"核心人权"的人。他突出强调"世界范围内为争取机遇和未来前景而进行的不可置信的竞争"，即国家实力的竞争，并由此确立德国政策和欧洲政策的导向。首先，德国被说成是其他国家应该学习的榜样。他的名言"欧洲突然讲德语了……"登上了英国报纸的头版。在过去的10年里，还从未有哪个德国政治领袖能够如此毫不掩饰地提出联邦德国在欧洲的领导要求。

弗尔克·考德尔在其讲话中声称，危机的主要原因不在于不受束缚的金融市场和资本主义及爆炸式的财产积累，而在于过高的国家债务："经济危机的开端的确不是投机者，而是我们在欧洲没有遵守预算纪律这一事实……"欧洲议会基民盟/基社盟党团主席维纳·朗恩这样说道，责任主要在于葡萄牙、西班牙或希腊、英国、匈牙利或拉脱维亚以及德国到2005年为止的由社会民主党和绿党领导的政府。他这样指责德国社民党——正是社民党在税收政策和金融政策上的这种不负责任导致了债务。共产主义的幽灵张开了阴影。科尔主要是利用社会福利资金，即通过雇佣劳动者和加倍国家负债，为前东德加入联邦德国提供资助被排除了。❶

用考德尔的话讲，还要进一步加强面向"强者"的新自由主义导向。"不是弱者能够决定速度，而是强者决定，而且他们必须带上弱者。这就是欧洲对未来的回答。"今天的（能源密集型的）工业结构和汽车制造业必须继续加以巩固。基民盟是保障内部安全和外部安全的政党。基督教的博爱因此体现在党对社会福利基金的拥护方面。在这些立场中，旧的保守主义思想、地方民族主义、威权主义和新自由主义融合在一起了——与坚定的右翼保守主义立场一致。作为"中间阶层的伟大人民党"，基民盟得到国家保守主义的侧面补充，或者如弗尔克·考德尔

---

❶ 科尔执政时期，到1990年还没有增税，1991年中计划实施一年的团结附加税，随后在1995年又继续征收了。1993年增值税上调，随后是矿产税，再之后是保险税、烟草税和天然气税。预算赤字从1989年的280亿马克上升到1990年的1200亿马克和1993年的1540亿马克（http://de.wikipedia.org/Kosten_der_Deutschen_Einheit2012年2月7日引用）。

接下来所说的:"我们(指基民盟)想要欧洲,而且我们将领导欧洲走向美好的未来。德国在这个欧洲中将继续是发动机。这样,我们将在世界上赢得竞争,为年轻一代创造未来机遇,并因此表明:我们在这个时代的政府中是对的,而其他人在反对派中是对的。"

基社盟力图将现代性和保守价值观联系起来,从而为联盟党的整体形象作出了重要贡献。基本价值是可持续性(在更广泛的意义上就是保护未来的机遇)、公正和安全。公正主要被理解为机会公正,并通过"在人们虽然想自助,但却做不到的那些地方为人们创造保护区"的政策加以补充。❶如巴伐利亚州长霍斯特·泽霍夫所表述的:"我们在基社盟内,从来都不是国家分配愈多联邦州层面公正情况就愈好这一理论的支持者。这是错误的。所涉及的是参与公正和机会公正。因此,教育政策是21世纪的社会政策。"由此同不稳定的劳动关系、对派遣工人的歧视和老年贫困产生一定的冲突,但没有从根本上质疑劳动力市场的自由化或退休金体制的"改革"(取消保障生活水平的退休金)。

在重新取得以往在巴伐利亚政党政治中的霸权地位的努力中,基社盟将经济、教育和科研领域的进攻性地方政策同包含扩大不稳定就业范围的、积极的社会文化融合政策结合起来。❷其基础是根据"社会市场经济":即"远离国家计划经济,但也远离以贪婪和花天酒地为中心的极端市场主义"。❸在自由国、乡镇以及企业和高等院校的合作中,积极的地方

---

❶ 下述引文摘自巴伐利亚州长霍斯特·泽霍夫2011年10月8日在慕尼黑基社盟党代会上的发言。

❷ 参见:Hermann Biehler,2011:《巴伐利亚的劳务派遣:没有调控、低工资、没有保障》,慕尼黑(http://www.bayern.dgb.de/dgb/Report_Leiharbeit_in_Bayern.pdf – abgerufen am 17.2.2012)。

❸ 对社会市场经济的这种理解主要是致力于扶持企业的自主行动:"我们要通过自由社会的手段,树立起对创造和持续应对能源的尊重:通过激励、供给和扶持,而不是通过一个充满法律条款和禁令的世界来达到这一切。"

结构政策处于核心地位。重点是削减债务、利用私有化获得的资金进行投资——主要在教育、科研和基础设施建设以及公共安全领域。国家的这种积极政策，如泽霍夫所讲，与完全不受控制的市场也不一致："纯粹的市场经济是反常的，纯粹的市场是完全荒谬的！纯粹的市场和基督教社会联盟没有关系。"

基社盟与社民党的冲突主要在于，基社盟指责社民党对金融市场的放纵、债务政策、违反马斯特里赫特条约以及以德国为代价、以巴伐利亚为代价的再分配政策。主要的对手是佩尔·施泰因布吕克，即2013年联邦大选社民党可能的总理候选人❶："施泰因布吕克在北威州执政3年，就新增了200亿欧元债务——在3年里制造了巴伐利亚战后历史上的总债务量。施泰因布吕克的北威州是希腊，而不是巴伐利亚！"重要的应该是泽霍夫的评论："自由国巴伐利亚目前独自支付了德意志联邦共和国全部联邦州财政平衡的一半。因此，德意志联邦共和国的一半也属于我们。"❷绿党因在扩建高效能基础设施方面（航空交通、公路建设、铁路建设）的封闭政策而受到指责。

然而，基社盟的统治地位也受到了威胁——来自右翼的威胁主要是自由选民❸，他们能够比基社盟更公开地打民族主义和地方主义的牌；在

---

❶ 社会民主党执行委员会于2012年10月1日一致投票决定提名施泰因布吕克为该党总理候选人。——译者注

❷ 泽霍夫不傻，他没有提及一直到1986年巴伐利亚都连续接收了联邦州财政平衡的支付，即使在1992年还拿到一次钱。那么北威州、下萨克森州、汉堡或黑森州的公民全体都属于巴伐利亚吗？具体数字的比较见：http://de.wikipedia.org/wiki/L%C3%A4nderfinanzausgleich – abgerufen am 17.2.1011。

❸ "选民团体（其他名称：选民集体、选民协会、公民协会、无党派等）是为选举而组成的、不需要遵守某一政党党章的社团。它是为确定选举候选人而团结起来的热心公民。选民团体经常来自于地方的居民自发组织。选民团体经常地，但不是一定地，在地方上以注册协会的形式建立组织。根据地方的情况不同，在某些乡镇会出现多个选民团体。"（http://de.wikipedia.org/wiki/W%C3%A4hlergruppe）

自由的、现代化的阶层中，威胁主要来自绿党；在中间阶层，威胁来自作为保守民粹派人物的竞选对手高魏勒。霍斯特·泽霍夫通过在党代表大会上发言的辩论艺术能够暂时排斥这种威胁，但他在2013年的联邦州选举中将与目前的慕尼黑市市长、社民党候选人克里斯蒂安·翁特希德作为对手，这为其投下了阴影。

在安格拉·默克尔的领导下，基民盟和基社盟尝试着如此广泛地集合起来，也如此全面地表明作为唯一"中间阶层人民党"的身份，所保留的最核心部分是采用其他手段继续推行新自由主义的纲领。在拯救银行、私有化、低工资和临时工等问题上，核心永远是实力竞争。新自由主义的紧急状态将长期存在：尽可能地通过妥协和开放，在有怀疑的情况下，通过三驾马车❶和/或预算警察的强迫以及债务限额。除公民基本权利以外，债务限额问题也达到宪法层面。希腊、西班牙、意大利是威权的新自由主义的练习场。金融市场资本主义的自身危机是国家不断干预的时机。行政机构有发言权。如果安格拉·默克尔能够保证其政党的统治地位，她就一定会成功。

只有当基民盟、基社盟将威权的新自由主义的危机处理方式与恰当的新导向和开放性结合起来，它们才能做到这一点。它们证明能够快速对经济增长的衰退或福岛灾难作出反应。即使与联盟伙伴自民党决裂，它们还能以"工资下限"要求向社民党开放。

## 二、萎缩的自民党是经济增长的政党？

在这种情形下，自民党的回旋空间很小。然而，即使是这点空间他们也不能充分利用。由于欧元危机的冲突，他们被迫召开了特别党代

---

❶ 在目前的语言习惯中，"三驾马车"代表欧盟委员会、欧洲央行和国际货币基金组织或者由这三个机构代表组成的（控制）委员会。

会，领导人得以连任，但却继续被削弱。在不断重新寻求失去的党的"精髓"的进程中，其党主席菲利普·罗斯勒在2012年1月6日的党的核心聚会时只想到："谁选举自民党，谁就是拥护一个强大的中间阶层；谁选举自民党，谁就是拥护德国的成功历史——社会市场经济。只有我们认为这一成功的历史还能够继续下去。"他补充规定了在2011年秋天党代表大会上仍未确定的自民党新角色："因为只有自民党为德国担保，经济增长在明天才是可能的。这是我们的课题。"在这次党代表大会上，自民党宣称将从减税党向社会市场经济党过渡。❶2012年，自民党成为经济增长的政党。对"富裕阶层"的优待获得了一个新的社会功能——经济增长！只是，今天还相信富人的发财致富令社会整体上更富裕的人，即使是在富裕人群中也是很少的。即使是百万富翁自己也愈来愈多地要求征百万富翁税。

基民盟领导的政府的政策几乎没有留下什么空间让自民党树立经济增长政党的形象。自民党作为中右政府中主张市场自由的力量能否保持足够多的重要岗位还是一个问题。它不得不痛苦地认识到，没有价值关联的赤裸裸的利益政策是没有取得统治地位能力的。看来，领导人的新老交替对于党的存续是重要的。但一直到布吕德勒，几乎没有人愿意出来。

在欧盟的进一步发展，尤其是欧元的进一步发展问题上，基民盟、基社盟和自民党都支持共同的政策，即打算通过在国内法方面实施"自动的债务限额"以进一步将新自由主义政策制度化，更大程度地将国内

---

❶ 罗斯勒当时的讲话是："如果现在，在我们国家的历史上也许很久没有像现在这样，需要一个致力于社会市场经济的政党——甚至评论家也这样写到——为什么人们在这些呼唤中——就今天状况而言——很少想到自民党？也许人们必须因此自我批评地也偶尔承认，我们还必须要强大得多，要承认我们知道，社会市场经济远远比仅仅呼吁降税要多得多。"（编者注：这份讲话并未在自民党的网页上，而是应笔者要求寄来的。特此表示感谢。）

政策置于金融市场主导的指导方针之下。德国（和法国）领导下的政府间合作被赋予优先权——尽管口头上也不时提醒着加强民主制度。欧盟看起来主要是在全球竞争中实现德国经济利益的工具。

## 三、社民党的两个选项——
## 　　中左政党抑或更好的危机管理者

基民盟和基社盟发展了在很大程度上是一致的方针，而社民党则同时发展了两条线。其中一条线主要体现在该党主席西格玛·加布里尔的讲话中和在秋季党代表大会上为大多数人所接受的诸多决议中；另一条线是由佩尔·施泰因布吕克（2005-2009年在默克尔政府中担任财长）和在某些方面由联邦德国前总理（1974-1982）赫尔穆特·施密特所代表的。社民党内的这种紧张关系可能是一个机遇，但也令人猜测是因为缺乏形象、信任度和执行力。首先详细考察一下该党主席的立场。

在2011年12月的社民党全国党代表大会上，西格玛·加布里尔自信地这样开始其演讲："亲爱的同志们，当我们两年前在德累斯顿聚会的时候，社民党处于10年来最严重的危机之中。今天，我们可以确信：我们利用了这段时间并努力工作。通过今天的全国党代表大会，我们要在所有的重要政治领域制定新的纲领性方针。"❶他还立即补充强调了两点。首先赞扬了其前任："如果我们没有事先进行改革，没有在经济危机中如此大胆、坚决地采取措施，德国就不能如此之好地度过金融危机，就不能如此之好地应对未来的挑战。"他在此提及格哈德·施罗德、弗兰茨·明特费林、弗兰克-瓦尔特·施泰因迈尔和佩尔·施泰因布吕克这些"2010

---

❶ 西格玛尔·加布里尔2011年12月5日在柏林社民党全国党代会上的发言（http://www.spd.de/aktuelles/Pressemitteilungen/21738/20111205_rede_gabriel_05.12.11.html）。

规划"的重要设计师们❶以及大联合政府。但他随后紧接着直率地批评社民党自1998年以来所执行的这一政策的重要内容:"亲爱的同志们,社会民主党绝对不允许再质疑劳动的价值。而且亲爱的同志们,我们绝对不允许在这个问题上再次如此远离德国工会。他们是我们最重要的联盟伙伴,亲爱的同志们。社民党只有是劳动的政党,才能是可信的、成功的。对于劳务派遣,完全同样地,对于妇女要优工优酬,首先是同工同酬! 亲爱的同志们: 这是社会民主党的行动准绳。"在劳务派遣、临时工和低收入阶层问题上,社民党犯了"错误"。但这些"错误"恰恰是"2010规划"的要点。

西格玛·加布里尔策划将全国党代表大会开成改变政治方向的党代表大会。针对默克尔三周前在基民盟党代表大会上的讲话,他在自己的讲话中提出了对立纲领。当安格拉·默克尔依靠"中间阶层"时,他就依靠"中左阶层"——这也是该党代表大会网页的标题。在默克尔保证成功的连续性的地方,按照加布里尔的观点,其实指的"完全是另一个方向"。针对默克尔为了让评级机构和市场满意,从一个峰会到另一个峰会所宣扬的"与市场一致的民主",他提出相反的"与民主一致的市场"。新老社会问题是:"要民主还是要金融市场的统治"。他补充道:"我告诉你们:'市场是否平静'对我来说完全无所谓;我想要的是人们能够再度安静入睡! 我们的任务是在欧洲关心这个问题,而不是关心市场。"

在言辞上,这与施罗德、布莱尔1999年著名文件的差别不可能更大

---

❶ "2010规划……是德国关于社会福利制度和劳动力市场的改革纲领,自2003年到2005年由社民党和绿党组成的联邦政府大规模实施……2010规划实现了特别有利于雇主的供给政策思想:因为国家在市场经济中不能靠指令提供就业岗位,也不应通过公共投资保障现有就业岗位或创造新的就业岗位,就采取了期望中的间接的、供给经济学措施,即用它们激励私人加强投资,由此产生新的就业岗位。"(http://de.wikipedia.org/wiki/Agenda_2010)

了。德国和英国政府首脑当时呼吁"向前的道路",这等于拒绝了左翼,并将"现代化"提升到指导思想的地位。社民党的"新中间"和工党的"第三条道路"成为标志,公平是初始值,平等不被重视了;面对市场,国家应更多地节制、不作为并全面保障安全。❶12年之后,加布里尔对问题的诊断看来是不同的:"现在呈现在我们面前的历史转折点向我们提出了巨大挑战:粉碎金融市场的势力、降低泛滥的国家债务、重新弥补贫富之间日益增大的差距、回答生态问题,即世界范围内无法限制的全球变暖。"

在此,加布里尔并没有忘记"新中间"。信奉市场经济、竞争和企业家自由得以保留,社民党甚至被说成是德国自由主义的家园。但他从施罗德的失败中得出结论:只有当社民党将更多地不是向右移动,而是向左移动时,当社民党不再主要关注中上阶层,而是不忘记受到威胁的中间阶层和下层群体时,社民党才有可能再度重新成为总理党。加布里尔指责其前任施罗德和明特费林领导下的社民党("时而")的实用主义,没有旗帜鲜明地代表左翼价值。他甚至同健在的社民党鼻祖——目前是加布里尔竞争对手、总理竞选人施泰因布吕克的庇护者——赫尔穆特·施密特拉开距离。❷他在不点名的情况下批评了施罗德、克莱门特和里斯特,"他们当上部长之后,事后又在自己负责的领域获得了一份经济界的工作"。

---

❶ 内容为:"在社会民主党的政策框架内,国家必须修正有害的市场失效的观点太频繁地导致管理机构和官僚机构发布过多的指令。我们拥有对于公民来说是重要的价值,如个人的贡献和成功、企业家精神、个人责任和集体意识,它们太经常地被放在普遍的安全追求后面。"(http://www.albanknecht.de/materialien/Schroeder-Blair-Paper.pdf)

❷ "你们所有人都知道赫尔穆特·施密特的话:'谁拥有视力,就应该到医生那里去。'赫尔穆特也许能原谅我——我认为他说的话都是对的,但我不同意他的这一句话:谁有眼光,就必须重新到我们这里来,亲爱的同志们,到社民党来。"

争取大多数人的前提条件是到现场去关注有问题的人们——虽然那里"有时候发臭",拥有维利·勃兰特意义上的"同情心","面对人们的生活状况和日常生活"更加"谦虚和恭顺",对富人适当增税,在教育和乡镇方面投入更多经费,以及积极的工业政策。加布里尔这样说:"这是代表德国中间阶层和大多数人的政策。其他人早就丢掉了关于德国中间阶层的解释权。让我们现在从中做些什么。德国的中间阶层,欧洲的中间阶层,他们又是中左阶层了,亲爱的同志们,中左阶层!"❶他甚至还对经济增长作出适度批评,并将施罗德和拉封丹1998年联邦选举时的口号"创新和公正"替换为"进步和公正",而进步的概念则与社会进步、人道进步紧密地联系在一起。

本文如此详尽着重阐述的西格玛·加布里尔的讲话具有左翼民众领袖的精神。但他同时在一个问题上明确表明,他自身缺少什么——可信性。因此,他不得不非常详细地论述为什么对最高收入人群适度增税是完全合理的,并再次列举社民党对上层的税收礼物,解释道:"我们是相当温和的。"而现在对这些"2010规划"的受益者提出"社会爱国主义"(这一术语没有出处)的要求。但根据这个引论,使得他和德国各阶级的真实关系明确了:"我认为每个富人和百万富翁都是好的,顺便提一

---

❶ 这种关于大多数的思想进一步得到细化,当加布里尔说:"顺便提一下,我们在此要争取三个大多数:当然要争取社会的大多数。这是拥有社会责任和社会敏感性的人的大多数。他们知道,没有社会公正就没有现代的有生命力的民主。这个大多数以我们,以社民党为家。但我们也需要经济的大多数,他们是企业家、个体从业者、创业者、工匠,同样也包括想知道我们如何推动经济和创造新工作的人们。他们想知道,我们如何促进经济增长和创新。即使是众多辛勤劳动但工资往往很低的所谓小人物也想知道这些。没有这种经济能力,社民党在历史上就永远不能成为多数派,因此对于我们而言也需要这个经济上的大多数。还有是文化的大多数。更何况选举愈来愈多地由此而决定,因为它牵涉到情感和社会中活生生的价值。这与一个现代化移民国家里生动的文化多样性有关。这个国家最终必须走上——从我们早已就是的移民国家——向包含有真正参与的真正移民社会过渡的道路。"

下，我自己也很想富有。"人们静静地第二次读到第一次世界大战前德国社民党——奥古斯特·倍倍尔和威廉·李普克内西的政党——主席的这句话："我认为每个富人和百万富翁都是好的，顺便提一下，我自己也很想富有。"

这句话对他有多么重要，下面的这一评论表达得很清楚："我认为，这个大厅里除了我之外几乎没有人想这样。"这样不自然的反话是个人最严肃的表达。加布里尔随后补充说："但我们也知道：没有人能够仅凭自己的成绩而变得富有和富裕。"因此，个人的财富——即作为奢侈、过剩的财产——如果揭穿它，其实就是除了自己的贡献之外，将他人的劳动和社会财富据为私有，也就是剥削。他只是没有这么说而已。西格玛·加布里尔用这种战略性理解来讲"中左"，但其内心和个人意愿完全是指向社会的上层——和"好的富人"齐头并进。

即便西格玛·加布里尔的讲话对社会和左翼是开放的，但却并未与格哈德·施罗德领导下进行的社会福利国家制度的变化进行辩论。因此，社民党的中左选项也缺乏可信性。它缺少充满活力的意志，缺少令人信服的权力政策。自2009年以来，加布里尔不仅在同左翼党打交道时总是白白丧失令德国真正向左移动的那些机会。一个令人信服的社民党总理候选人不是这样的。

在社民党代表大会的第三天，佩尔·施泰因布吕克有意识地扮演了现任主席的对手。他祝贺加布里尔再次当选主席的话是有毒的："如果你能取得更好一点的结果，我现在就会叫你埃里希了❶，但91.5%已经能够让你和党很好地生活了。"与加布里尔不同，他——没有如果和但是——拥护社民党从1998年至2009年的路线："如果没有格哈德·施罗德执政时期部分是痛苦的改革和措施，没有社民党部长们在大联合政府中的贡献，联邦德国今天将站在哪里？黑黄联邦政府从中受益了。但正如我所

---

❶ 这里暗指前东德统一社会党总书记埃里希·昂纳克。

认为的那样，我们可以更自信地谈论和讲述我们在这10年里成功地取得了什么。"对金融市场和资本主义的新自由主义泛滥的全部批评被这样的话打住："必须作自我批评，我们社会民主党人可能也过久地、毫无抵抗地屈从于放松管制这一范式……这其中包括我自己的错误，特别是看到我明显低估了在影子银行行业带有巨大风险的发展情况。"这位大联合政府的财长仅用一句简短的话评价了他在2007年到2009年经济危机中的作用："我们耽误了利用2008年秋到2009年春之间的窗口时期进行进一步的调控和监管。必须承认这一点。"

这究竟是怎样一个毁灭性的判断啊，当时正值施泰因布吕克强调"行动"能力的重要性之际。不是取决于"想得好"，而是取决于"做得好"，即"执政能力"和"执政意志"。而这意味着——他对整个社民党自2009年以来在加布里尔领导下的方针含蓄地提出如此的批评——"不是退回到与党兼容，不是我们自己弄清楚"，而是"从内容上向改变了的世界和改变了的社会开放"。施泰因布吕克补充道："我们要靠超出社民党范围的、被视为合理和一致的、具有明确政治态度的供给来赢得大多数，因而也赢得认可。这不仅仅适用于，但却特别适用于经济界和金融界，社民党在这些领域——有些痛苦地——尽管一如既往作出了自己的贡献，但必须争取对其能力的认可。"加布里尔提出的中左立场虽然从整体上看对于迎合社民党的基础选民是必要的，但对于赢得总理党却决不是核心的。

因此，在支持社民党执政的大多数如何出现这一问题上，施泰因布吕克也不同于加布里尔。当后者要求上层民众要具有更多的"社会爱国主义"，并转向受到威胁的雇员时，施泰因布吕克却一直坚持"社民党必须是组织起强者和弱者联盟的政党。但也不要激怒强者，否则这个联盟就不会实现"。加布里尔称作"温和的"增税要求，施泰因布吕克称作是"被禁止的"。财产所有者看来是有否决权的；增税将降低社民党的选举机会；保证德国工业的竞争力是最重要的；原材料保障和工业政策具有核心地位；国家继续被视为主要是市场力量的促进者，只要不被看作是纯粹投机的，就像目前在部分金融领域那样。

当涉及欧元危机和欧盟未来的问题时，社民党内部草拟的这两种选项就没有差异了。作为部分共同承担债务的一员，社民党看不到为希腊或者西班牙等国降低利率水平的出路。它要让这些国家承担节约的义务，同时还要求加强经济增长的潜力。赫尔穆特·施密特回忆起严厉财政紧缩政策的后果："但我们也绝对不允许宣扬在整个欧洲实施极端的紧缩银根政策。雅克·德洛尔其实是对的——当他要求随着预算的恢复，同时实施并资助促进经济增长的政策时。没有经济增长，没有就业岗位，就没有哪个国家能够整顿它的预算。"

社民党想要深化欧洲共同体，除了政府间的合作之外，还要加强联邦制结构，正如社民党联邦议会党团主席弗兰克-瓦尔特·施泰因迈尔在讲话中强调的："因此，亲爱的同志们，当我们今天说我们需要更多的欧洲时，那么我们也必须说我们的欧洲需要更多的民主。我们的欧洲不是秘密协议和紧急命令的欧洲。我们不想回到19世纪——我们来自那里——，而是想要建设21世纪的欧洲。"

社民党在这次代表大会之后，还没有确定该党如何进入2013年的联邦选举，是作为向中左改变政治方向的政党还是作为更好的实干家的政党。相关的决定肯定也取决于默克尔政府是否能够继续保持足够好的危机处理者身份或者相反，基民盟是否丧失民众的大多数。也许施泰因迈尔是胜利的第三人，能够承诺统一上述两个选举选项。

## 四、回答：绿党"绿色新政"还剩下什么？

2011年11月25至27日，绿党在基尔党表大代会上做好了2013年联邦选举的纲领性准备。他们总结了2005年参与执政的损失和经济危机的教训。结论是双重的：《回答：绿党》中的社会问题融合以及抛弃靠信贷资助的绿色新政。二者都对绿党的自身可信性和自身认同提出了巨大挑战。二者共同扩大了其覆盖面，但同时缩小了其战略附着点。为承受与此关联的紧张关系而建造的桥梁就是民主。在资金紧张和再分配不是核心问题的时候，民主演化成为重点。

与基民盟或基社盟不同，更别提自民党，绿党的党代表大会不是充斥着重要的讲话，而是经过全面讨论而准备好的决议。因此，在下面的分析中，它们也具有重要的价值。目前，在该党还存在着积极分子团体的广泛参与和集体领导，但还不是携手并肩。

绿党的党员和选民大部分是具有文化修养的境况良好的中间阶层。然而，选民范围愈扩大，需要绿党回答的问题愈多，这就超出了核心"选民"的范围。正如绿党共同党主席克劳蒂亚·罗特在党代表大会的发言中所强调的，绿党在巴符州等联邦州取得的成功要归功于"人民看到绿党的政策促进了明天的工作，变革了这个社会的物质基础，使其能够应对未来"。绿党——不再是社民党——是"劳动的政党"[1]，但却以新的方式："血液中的汽油和头脑中的混凝土不再提供新的答案"。绿党正因为其成功而处于必须成为现代化的人民党的压力之下：既想要代表远超出其核心选民阶层的群体，同时又不失去其核心支持者。在巴符州2011年的选举中，绿党成功地做到了这一点。

他们痛苦地认识到，2005年红绿政府的失败归因于施罗德领导的社民党通过"新中间"导向解决了"社会问题"。从此绿党不能再信赖与社民党的工作分工，即"社民党是社会的，我们是生态的"。他们也不想再这样。克劳蒂亚·罗特为此说道："除了生态改建之外还需要社会改建，我们必须向前推进社会改建。"[2]《南德意志报》对此评论道："对于

---

[1] 只要没有额外指出，此节引文均来自绿党2011年党代表大会的网站。

[2] 引自：《改建和再分配：绿党在非公开会议上准备联邦议会选战》，载《南德意志报》，2012年1月9日第5版。

绿党来说，这里隐藏着一个尴尬的辩论，因为其背后的再分配问题……与此相反，关于极右主义、民主和欧洲的辩论……保证是真正和谐的。"

对于绿党来说，不仅是上述并存的生态问题和社会问题，而且在其他方面也明确显示了转向社会问题仍然有多么困难。因此，关于通过严格的最低标准和面向上层的"调控走廊"将欧盟改造成"团结互助的集体"这个内容丰富的完整一节直到事后才被插入到决议之中。最终通过的要求是比较广泛的，包括欧洲范围内的最低工资（参考各国的平均工资）、失业金转移支付和社会转移支付的最低标准以及退休金和卫生保健的最低标准。所需资金应当可以通过欧洲的一个辅助系统完成转移。

在题为《经济的社会生态转型。绿色新政》的决议中，社会福利成为金融市场调控和社会生态改建之后的第三个支柱。但它与其他支柱相比还是虚弱的：几乎只涉及特定最低标准的保障和经济生态调整负担在社会福利方面的缓冲。不过整体上还是认识到了社会问题对于成功的、有未来能力的政策的意义。如绿党共同主席塞穆·约茨迪米尔在党代会上强调的，人们不能"将关于欧元和欧盟未来的讨论……同关于欧洲社会公正与团结互助的讨论分离开来"，而且这适用于当前所有的问题❶，这是一直都在强调的观点。

即使绿色新政全面整合政治的能力看起来弱化了，它依然是绿党政策的重要内容。绿党面对的情况是，在给定的框架条件下进行快速的生态改建变得不可能了，或者正如该党议会党团两主席之一的于尔根·特里廷所说："我们现在必须适应新形势。我们欧洲有着严重负债过多的预算，已经达到信贷可以资助的极限。为了进行改建，我们需要更多的收

---

❶ 当宣称"气候变化是改变我们经济的最紧迫原因"时，这也就变得清晰了。全球贫困、不公正、资源战争甚或也包括赤裸裸地浪费生命时间去生产毫无疑义的商品或者资本精英的优势没有被提及，而是提到了限制全球温度上升低于2%的目标。如果将这些颠倒一下，这个目标也许能提得更现实些。于是能够证明，生态转折首先是在以生态可持续的方式处理最迫切的社会问题时到来。

入。我们必须削减债务,从而让国家具有行动能力。"❶在《绿党金融政策》的决议中指出,这一政策必须是稳固的,不允许作出"不能维持的承诺"。主要目标是"在债务限额和欧洲稳定标准的雄心勃勃的框架下,必须为克服社会问题的尴尬处境和生态问题转型作出贡献"。尽管绿党在联邦议会和左翼党一起投票反对债务限额,但这个框架本身是不容置疑的。

"绿党削减补贴、减少支出和增加收入三和弦"的潜力大约有230亿欧元。此外还提到:将8万欧元以上收入的所得税提高到49%、取消利息收入25%的代扣所得税、取消对利息收入及所有其他收入的征税、把遗产税提高到美国的水平、取消移除总额(即使几乎看不到实现的机会)、利用团结税建立旧债务偿还基金、改革企业征税和一次性的及有若干年时间期限的财产税(涉及大约1%的民众),取消高油耗公车的特权优惠。为资助社会生态改建而提高债务被排除在外;通过借债获得的社会生态改建启动基金在今后显著提高公共预算收入的可能性也没有被列入议题。人们无论如何也看不到实施这一政策的可能性。

结果是,绿党新政因而主要致力于制度框架的修改(在价格和补贴、扶持中小企业以及新技术开发群等方面),致力于"促进工业政策在考虑能源和材料效率的前提下向革新的、面向未来的技术推进,例如在可再生能源、汽车、化工和制造行业"。对于这一点,塞穆·约茨迪米尔论证了生态的、社会的市场经济模式,并强调:"这个政策不会发明电动汽车,这是企业和我们的工程师的事情。""我们的工程师"这一词汇表明绿党在世界上多么受现代生产力的欢迎。一种"好工业和坏工业的划分"是不允许的。"电动汽车"是未来的灵活性模式。一个生态革新的纲领被提出来,它距离向另一种生产方式和生活方式的真正结构性转换还

---

❶ "红绿来了……", 采访于尔根·特里廷(http://www.freitag.de/1151-rot-grn-kommt)。

相去甚远。在题为《更多的民主是解决方案》的决议中——如同在其他情况下很大程度上也是这样——国民经济整个过程的民主计划问题没有被纳入。那么，更快的生态改建到底该如何实现呢？!

再分配在这次党代会上成为绿色新政的第三支柱。其中包括7.5欧元最低工资（明显低于工会的要求）和增加工资的要求。这也是对减少欧元区不平衡性和强化内需的贡献，而且还提出了具体建议：通过节电支票、保温住房补贴和社会生态电费表等减缓生态转折的负担。

《更多的民主是解决方案》和《生活多样性：为了一个包容的社会》这两份决议也都非常清楚地转向了社会问题。这也将重新提出民主问题。在直接民主的模式中，首先须注意不要继续强化本来就已经获得特权的人（利益群体、行政机构人员、境遇良好者、男性）。"在决策过程中拥有同等的社会资源和制度资源"是政治公正的前提。这种政治公正成为新的核心概念。关于制度改革的建议被非常详细地提出来，其中包括加强直接民主、代议民主、限制游说团体和信息自由等。绿党证明了其在民主的民主化问题上的能力：每个重点领域都与非常具体的立场联系起来——从通过"让微弱的声音能够被听见"而实现扩大的公民参与一直到经济民主；对于加强欧盟的民主制度到直接选举领导人问题也提出了具体的要求。与再分配相关的矛盾退到了背后。

具有代表性的是对于"加强经济中的民主"这一建议的详细叙述。至少在关于民主的文件中似乎克服了同工会及工人的距离。其中讲到："为了加强政治公正，我们自然不只是想要从制度政治上限制经济，也要从内部对企业和行业协会（经济、同业组织和社会领域中的自我管理组织，作者注）进行民主化"，并大胆地声称："经济民主是最绿的目标"，提出了要扩大1000名雇员以上企业的对等共决权或扩大应在企业职工委员会进行表决的决策事项范围和适当的工资，但还没有超越团结互助经济的公司职工财产。

对于绿党努力树立有说服力的总体形象来说，决议《生活多样性：为了一个包容的社会》是决定性的。绿党也因此已经与到现在为止所考察的政党不同：它在联邦选举的准备阶段全面铺开了。这个决议描述了一个包容社会的指导原则❶，并提出了如社会文化的最低生活水平、扩大教育和发展尽可能好的公共基础设施、法律上对多样性的认可（包括在基本法里）以及对双重国籍和在乡镇层面赋予外国人选举权的认可。在此，处理社会问题对于绿党来说有多困难再次立即体现在下述决议开头的文字叙述中："对于我们来说，是在一个封闭和排斥的社会里实现所有人的真正参与，并且为迄今居于不利地位的人创造——出于种种原因，他们今天还很难获得的——社会地位提升的机会。"不是要求克服一个"封闭和排斥的社会"，而是认定了不可能的事：在这样一个社会里，实现所有人真正参与的机会。

需要强调绿党这份决议的最后一个特征：使用来自英语国家的概念的趋势。不仅绿色新政（Green New Deal）是这样，甚至旧的要求"同工同酬"也是这样，英语用equal pay表述。所有政党都会碰到调和专家语言和民众语言之间紧张关系的困难。此外，绿党还有弥合有文化、有技术的中间阶层的亲英语口语和中下层的口语之间裂缝的困难。

绿党利用其战略特征尝试证明绿党首先是团结互助的中间阶层的代表——讲他们的语言，重视他们的要求。他们的利益就是绿党要一般化的。其次，绿党将这种态度、利益与经济的、社会的、生态的革新纲领结合起来。这将会一方面让大部分企业界，甚至是主要的资本界，另一方面让有专业知识的就业者感兴趣。再次，应该是处理包容和融合意义上的社会问题。社会问题不是出发点，但却成为纲领的一个重要部分。

---

❶ "这个自由不仅意味着选举自由、职业自由等公民权力。它意味着所有生活领域，因此也就是在教育领域、健康领域、居住和流动性领域的自由。每个个人都不依赖他个人固有的特征拥有获得尊严、无障碍地使用基础设施、使用产品和服务的资格，拥有平等参与社会的权力。这是每个人借助支持并通过自身努力在生活中有所作为的平等的自由。这牵涉到所有人自决生活和平等的生活机遇。"

绿党已经草拟了一个关于改建和未来的项目，它假定在很大程度上和谐解决主要同再分配和财产相关，但也同所有制和权力相关的、相互对立的利益。但是，当严重缺乏锐利批评的意志、全面再分配的意志、面对放纵的资本主义加强对抗力量的意志，引用罗斯福新政又如何可信呢？当一场支持或反对资本主义的斗争在《法兰克福汇报》上波涛汹涌时，这个词汇在绿党明显是禁忌。在现实政治中，绿党就在谨慎改变力量对比的基础上进行生态和社会革新的纲领达成一致意见。绿党的纲领能够进入另一种政治——只有当面对真正的社会冲突而具有更多勇气时。

## 五、左翼党强化了自身特征——并非没有损失

2011年10月，在爱尔福特党代会上，左翼党以绝大多数赞同的比例通过了新党纲，并让全体党员决定是否接受这一表决结果。这份文件将基本的社会批评和资本主义批评与全面的改革纲领结合起来，将彻底拒绝资本主义与极端改良主义结合起来。工会的、女性的、生态的和自由的立场被采纳，现代知识社会的真实性出现了。其中要求全面改建所有制关系。社会主义理解对纲领的阐述产生了影响。

党纲对于党内的自我理解是否如此具有重要意义往往取决于在党的政策中确定了哪些重点。左翼党纲领文件和公开宣称的政策之间的差别比绿党大。党纲也过于杂乱，不能建立统一的战略。像分析其他政党的代表大会一样，也应该引用党代表会的重要讲话，并补充考虑左翼党2012年1月中的新年讲话，这些讲话是在激烈讨论领导人选和民调结果停滞在6%到8%的情况下发表的。

以愈来愈多的人对统治者感到愤慨，各种"占领"成为象征符号为出发点，当时的左翼党共同主席格辛娜·勒茨在爱尔福特党代表大会上

宣称与资本主义进行基本争论是党及其纲领的基本特征。针对目前不公正的和破坏性的社会,她提出了一个"团结互助社会"的指导原则。对于她而言,其中包括银行的国有化、欧洲的团结互助、反对战争政策和反对福岛核灾难后果。她强调:"我们想要社会生态改建。我们想要将社会问题和生态问题不可分割地结合起来。"左翼党当时的共同主席克劳斯·恩斯特在讲话中主要强调了左翼党作为利益群体代表的作用:代表3000万工人、退休者、失业者、哈茨Ⅳ救济金领取者以及儿童和青少年,以至许多得不到贷款的自由职业者的利益。对于他而言,问题主要是左翼党如何胜任"成为多数派的声音和社会变革的动力"的任务。德国不需要第二个社民党,而是需要一个"一贯致力于民主和社会公正"的政党。

奥斯卡·拉封丹在党代表大会的发言中提出"为什么我们不能更好地站在那里"❶的问题:与所有更多地倒向社民党和绿党的观点相左,他的回答是:"我们处于和其他政党的公平竞争中。我们必须强化我们自己的特征。"克服并废除金融资本主义制度是应对2008年经济危机唯一正确的解决办法。重新实施和推广公法银行体系、将国家和金融市场分离是强制性的解决办法。拉封丹这样讲到,集体所有制是"对许多问题",如对银行领域问题以及生态问题的解决办法。经济政策优先和在国际关系中重提放弃暴力被描述成为左翼党特征的一部分。

格里高尔·居西在党代表大会的讲话中也强调和平政策、财产公正以及将公共生存照顾转移到公共机构手中,同时提到男女平等。他这样描述左翼党的功能:"因此我总是说,如果耶稣还活着,他将是我们党中非常具有批评性的党员,因为这个问题恰好是由我们唯一提出并加以重视,即社会问题。这也是要求民主和要求生态的问题,这些已经说过

---

❶ 党代会发言,来自:http://www.die-linke.de/partei/organe/parteitage/2parteitag2tagung/;2012年年初讲话,可查阅:http://www.die-linke.de/nc/dielinke/nachrichten/detail/zurueck/nachrichten/artikel/ politischer-jahresauftakt-2012/。

了，我再重复一遍。唯一与生态变革相关联地——例如与禁止核能等相关联——提出社会问题的是我们。❶而且，如果我们不提出这些问题，我们也将是多余的，其他人已经做了其他的事，而人们需要我们的是不断地在这个社会的议事日程中提出社会问题。"

  现在，比较一下2011年10月党代表大会上的发言和2012年年初的发言，就清楚格里高尔·居西对党代表大会的期望——即"我们很快处理好领导人的问题"——没有得到实现。但更重要的是：左翼党的使用价值问题继续折腾着领导层。格辛娜·勒茨继续发展了其团结互助社会愿景的观点并要求左翼党必须在日常生活中重新变得更有用，还要作为东部地区民众的代理人。与贫穷和种族主义作斗争被突出强调。为了一个团结互助的社会需要有一个强大的左翼党。克劳斯·恩斯特也以他在党代表大会上的讲话为起点，将为统一欧洲而斗争的问题和社会问题结合起来。他的回答是明确的："亲爱的同志们，有一个非常简单的公式，欧洲左翼政党对此能够达成一致意见。它真的是非常简单——我们在全欧洲对削减工资说不。我们在全欧洲对削减退休金说不。我们在全欧洲对削减社会福利说不。这是一个简单的公式！但因此最后的结果就意味着，每个欧洲的公民知道，如果人们选了左翼政党，无论在哪一个国家，无论在法国、在希腊、在西班牙或在德国：左翼政党是保证，这个社会福利国家将得以保持。"格里高尔·居西持同样的立场，他提出了每一次与社民党进行严肃合作的条件：立即撤出阿富汗、放弃任何战争干预、退休金公正、东西部在工资、薪酬和退休金方面的均衡、地区范围内的最低工资和团结互助的健康保险以及理所当然地放弃"哈茨Ⅳ"。

  在社民党再度要重视公正问题、绿党将社会问题整合进纲领的形势下，左翼党的这一自身形象描述了稳定左翼党的必要条件。对资本主义的尖锐批评、在德国和欧洲一贯地致力于社会福利国家、以工人和退休

---

❶ 如对绿党的描述所表明的，格里高尔·居西至少在这里错了。

者为重点的社会利益政策以及扩大特别是在公共生存照顾和金融体系的公有财产的要求构成了一个统一的整体。相对党纲而言,变得无足轻重的是再分配和改造的结合、保卫现有多数派的利益和塑造未来的结合、面向雇佣劳动者和面向团结互助的中间阶层的结合。民主看起来主要是多数派利益的代表,而不再是生气勃勃的参与和开放过程。再分配和改造的统一、民主和全面团结互助的统一没有成为一个令人信服的故事❶,没有成功地成为在资本主义及以外进行转型的政治战略。因此,反资本主义依然只是文告。

对于左翼党来说,发展一个为社会广泛接受的立场是很困难的。援引绝大多数民众的利益对此来说是不够的。流行的看法是,左翼党虽然进行了正确的批评,并出于良好的愿望强调社会公正,但它没有能应对未来的纲领。面对极其巨大的转折,左翼党的利益保卫看起来是防御的和怀旧的,和可执行的未来项目没有关系。另外的、团结互助的、社会主义社会的伟大愿景对它来讲太遥远了;在德国东部三个州的参政未使人相信可以实现政治方向转变。

生态、改建、改造、技术或工艺、能源、气候、革新或远景这些词汇没有出现在左翼党年初任何一个演讲者的讲话中。它面临着继续作为社会"小群体政党"的危险——这个政党不能将合理的、大多数人的绝对核心利益当作公众的利益。这是需要解释的。公众利益不正好是全部现有个人利益的相加——这仅在个别情况下是对的——而是其在一个社会项目中面向未来的联系。当不同社会阶级的社会联盟释放出新的生产力的时候,必须能保证这是可信的。"利益的公众化"是一项转型任务。

安东尼奥·葛兰西曾这样描述争取统治地位斗争中的挑战:一种阶

---

❶ Dieter Klein, 2011:《四边形:关于左翼党合乎时代的故事的思考。关于在争取左翼党替代社会方案中使用故事概念的可能性》,载《观点》,罗莎·卢森堡基金会,2011年第34期(http://www.rosalux.de/publication/37889/das-viereck-nachdenken-ueber-eine-zeitgemaesse-erzaehlung-der-linken.html)。

级形式是"历史上进步的",因为它是历史上的"生产力",即"由其承担的、某一具体政治经济政权的扩张性,由于它'不仅通过满足生存需求,而且通过不断占有新的工业生产领域来扩展其领导力,向前推进整个社会',并因此为个人'生活前景'提供确实可信的期望"。只有当社会公正自身与一个新的、另一种类型的社会生产力和新的个人生活可能性的项目结合起来,才是有可能实现的。这是左翼党必须全面学习的认识。否则,它只保有社会修正功能(没有更多的功能了),但不足以实现真正的政治方向改变。这还不是左翼党在时代高点的战略能力。随着2012年5月哥廷根党代表大会的召开,相应的前提条件有所改善。

## 六、海盗党在形成

过去30年的信息革命和通讯技术革命从根本上改变了整个社会。新的产品类型和生活方式不断出现,传统的权力结构和所有制结构受到挑战。整整一代人在互联网和谷歌、微软、开源代码以及现在的脸谱网站等条件下成长起来,并在政治上开始独立表现。

海盗党是这一根本变化的表达——起始点是关于知识产权法的冲突。电影工业是在反对在互联网上免费推销电影时最早引入这个概念的。这些积极分子捡起这个术语并自信而正面地使用它。2006年1月,在瑞典成立了第一个海盗党。同年9月,德国就随后建党了。22个海盗党已于2010年在国际上结盟了。❶

一直到2009年,德国海盗党还在很大程度上持边缘化的立场,但2009年在欧洲议会选举中还是能取得0.9%的支持率,在联邦选举中取得2%的支持率。他们的大本营是德国东部的大学城,那里的绿党势力比较弱。他们在那里有时得到超过5%的选票。这些选举的成功导致了大规模

---

❶ http://de.wikipedia.org/wiki/Piratenpartei ( abgerufen am 17.2.2011 )。

的动员,党员数量增加到原来的10倍。根据他们自己的说法,海盗党今天有大约1.5万名党员。2011年9月的柏林选举是一个突破。它引发了基层党建的新浪潮。至迟从这时起,海盗党开始膨胀,成为要在联邦范围内有所作为并进入联邦议会的党。

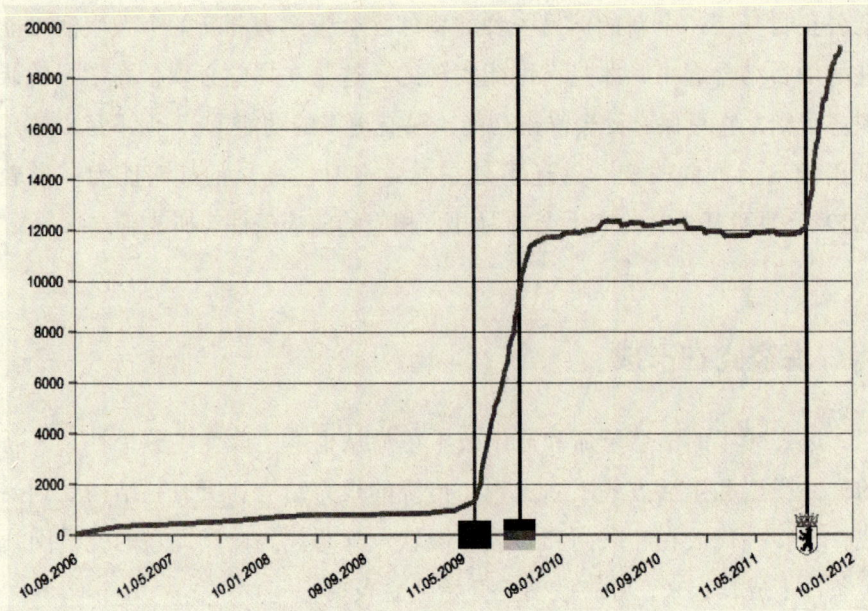

图1:海盗党党员人数的发展
(来源于http://de.wikipedia.org/wiki/
Piratenpartei_Deutschland,2012年2月17日引用)

海盗党从核心上理解自己是现代知识社会公民权的政党。在其党纲的前言中写道:"信息自决、自由使用知识和文化和保护私人空间是未来信息社会的基柱。"由此出发,海盗党要求信息自决、开放存取公共资助的物品、所有公共事务的全面透明以及公民"对其信息加工和交流"[1]的全面控制。海盗党的基本纲领是**半成品**。从持续不断的讨论开始,该党

---

[1] http://www.piratenpartei.de/unsere_ziele (abgerufen am 17.2.2012)。

经济改革、社会结构变迁与劳动关系

的外延一步步扩大。2009年和2010年添加了教育问题或"考虑更多民主"以及"自由的、民主控制的基础设施"等目标。2011年12月奥芬巴赫党代表大会的决议是另一重大事件。1300名党员参加了这次党代表大会,每个人都能发言——1分钟。首先是关于毒品合法化的决议(如左翼党党纲)和关于无条件的基本收入的决议导致了激烈讨论。针对希腊和其他不能为债务重新融资的国家的更严厉的财政缩减政策被拒绝。即使是时任海盗党政治秘书长的玛莉娜·维斯班特也不认同海盗党赢得了一种自由的、左翼的特征("左翼和右翼的概念基于关于劳动的经典定义,它和信息社会不再有很多关系"❶)。海盗党的基本目标是全面拥有受教育的权利、最高程度的个人自决和保护个人权利、互联网基础上的知识产品自由和获取知识的自由、开放读取(Open Access)文化产品以及基于全面参与的政治方式。

在公民和既有代议民主政治制度的距离日益加大的背景下,海盗党首先是一个寻找新政治附着点的实验室。作为基于互联网的、透明地、以基层民主方式组织起来的项目,其吸引力目前源自于他们对政治制度的矛盾心理,而这个政治制度与他们对社会现状的异常批评联系在一起。提出并实现政治目标在这里不是重要的,讨论目标、作出决定和政治上干预社会的新方式才是重要的。正如维斯班特的简洁评语所说:"我们不提供程序,而是提供操作系统。"❷这一操作系统是否能在德国政党体系中建立起来,对整个系统会产生哪些效果?这在目前还是开放的。但现在可以肯定的是,它已产生了强大的作用。今天,政治代表模式的危机是有目共睹的,一个新的、非常积极的阶层强烈要求参与对自身的情况发表意见。

---

❶ http://www.spiegel.de/politik/deutschland/0,1518,801643,00.html – abgerufen am 17.2.2012.

❷ http://de.wikipedia.org/wiki/Marina_Weisband – abgerufen am 17.2.2012.

### 整体展望

与2005年和2009年的联邦选举相比,政党政治的变化是相当显著的——无论是定性的还是定量的(参见图2)。加之出现了新的竞争者,尤其是绿党和左翼党的竞争者——海盗党。他们还进一步削弱了自由党人的基础。冲突面增多了。自由保守派领域完全被基民盟和基社盟占据,到目前为止只在地方层面受到自由选民的挑战,而左翼党和自民党领域则明显地四分五裂了。相关人士要求在政治竞争中将"阵营选战"和树立自身独立形象结合起来。

除自民党和左翼党之外,所有进入联邦议会的政党的社会政治指导原则都是社会福利(和生态)受到束缚的市场经济。自民党虽然自称拥护社会市场经济,但并没有接受"社会福利"观念,而是将其完全与市场和经济增长联系起来。左翼党与之相反,支持由政治控制的、国有经济主导的市场经济,并且也完全拒绝将保护不受贫困和不安定的社会福利国家改建成一个将社会福利置于竞争优先原则之下的国家。就经济宪法而言,自民党和左翼党处于相对的两极。社民党重新关注社会福利问题、上述"回答:绿党"中的社会融合问题和左翼党致力于社会公正问题创造了广泛的共同点,但社会福利优先和资本主义市场经济优先两者之间的裂痕依然存在。生态改建的导向愈来愈受到所有三个政党的支持,而不再仅仅是绿党独有的职权。

与基民盟,尤其是基社盟更倾向于家长式民主的认知相对立,绿党更倾向于广泛参与的民主;左翼党更倾向于以强大的公有制为权力基础的民主;自民党完全放弃了民主领域;而社民党对已有机构进一步民主化持开放态度;海盗党渴望一种尽可能地面向自由的、参与的公众民主。

向欧盟问题的过渡是顺理成章的。基民盟/基社盟和自民党主要以实力竞争的成功为导向。与之相反,社民党和绿党将重点放在节约措施和促进经济的结合上,为此也需要一个强大的德国国民经济,而同时左翼党完全以遭遇社会福利削减的民众团结互助和保卫社会福利国家的观点看待欧洲危机。

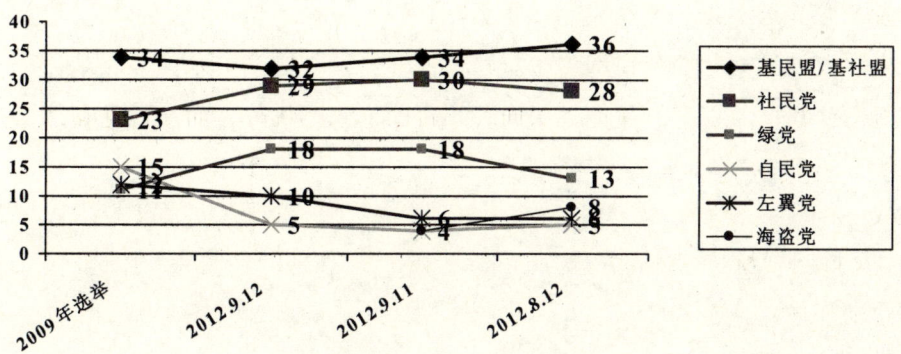

图2 民调支持率（Infratest dimap）

基民盟和基社盟利用排斥左翼党，以便有计划地限制社民党和绿党的政党政治选项。这就加强了联盟党本身在能够取得的选举结果中所占的权重，并同时满足了他们当中全部保守和反共产主义的人。社民党面临着将永远成为老二或老三的危险。海盗党的兴起加强了基民盟取得相对优势的趋势。执政党基民盟行动的高度灵活性也以此为基础。但它同时也削弱了和具体社会阶层的联系。因此，政党体系的可动性增加了——突然的变化是可能的。

新自由主义自身的危机导致了冲突在多个地方同时爆发。长期以来，对政治的缺乏信心和挫折都在增加。风向在不断地变换。安格拉·默克尔领导下的政府还控制着日常政治行动的领域。但表面之下的紧张关系仍在增长。目前还不清楚，这么多的具体冲突中，哪一个会影响2013年的选战。但明确的是，各个政党现在能够或者希望扬起哪一张帆。

# 中国现代化进程中的
# 社会融合问题

# 新生代农民工的社会融合问题

龚维斌[1]

新生代农民工主要是指1980年以后出生的农民工。根据国家统计局调查,新生代农民工约占外出农民工总数的60%。全国总工会在25个城市对1000家企业1万名职工进行的抽样调查显示,新生代农民工占外出农民工的60.9%。因此,新生代农民工已经成为外出农民工的主体,总数接近1亿人。由于各种原因,新生代农民工和父辈一样始终被视作外来人口,难以在当地扎下根来,与本地人缺少正常的交往和交流,社会融合度较低,潜藏着不少矛盾和冲突。由于新生代农民工与其父辈相比具有不同的特点,社会融合的问题将会变得更加突出。

## 一、新生代农民工的特点

一是文化程度较高。据调查,新生代农民工80%以上具有初中以上学历,相当一部分具有高中和大专文凭。

二是不少人没有结婚成家。

三是没有真正的农村生活体验。很多新生代农民工一直在学校上学,毕业后就开始外出打工,并没有从事过农业生产,缺少真正的农村

---

[1] 国家行政学院社会和文化教研部主任、教授。

生产和生活经历。

四是接受外部信息多。新生代农民工生活在媒体化、数字化时代，他们和城市孩子一样使用手机、上互联网、看电视、看报纸，因此接受的信息与城市生活差别不大，对新事物兴趣浓厚。

五是对待工作表现出"三高两低"的特点。"三高"是指：（1）职业发展要求较高，不再满足于有工作，而是开始选择那些有利于自己长远发展的职业；（2）工资待遇要求较高，不再满足于比较低的工资报酬；（3）权益保护要求较高，希望能够受到平等地对待，希望有尊严地工作，希望合法权利得到维护。"两低"，一是指吃苦耐劳的精神有所降低。新生代农民工中不少人不再愿意像其父辈那样从事苦累肮险的工作。当前，农民工在建筑业就业的比重下降，在制造业和服务业就业的比重较大幅度上升，年轻人不太愿意学习和从事建筑业工作；二是指返乡务农的愿望低。新生代农民工从农村走出以后，很少有人愿意再回到农村，过着他们父母日出而作、日落而息的生活。即使在2009年金融危机就业形势严峻的时候，大多数返乡农民工也只是回到家乡的城镇寻找工作和生活机会，而没有真正回到乡村从事农业生产。

## 二、新生代农民工难以融入当地社会

新生代农民工难以融入当地社会，不仅表现在难以融入大城市也表现在难以融入发达地区的城镇，主要表现是：工资水平偏低、生活和工作压力大，不能平等地享受基本公共服务，情感、精神和心理问题突出，与当地人交往有困难，矛盾冲突时有发生。

与当地人交往有困难。新生代农民工所受教育和生活经历的独特性，使得他们一方面强烈希望能够融入当地社会，另一方面对当地人的歧视和社会排斥非常敏感。根据2010年贵州省新生代农民工基本状况抽样调查结果，67.4%的新生代农民工认为城市居民中"好人多"，而认为"好人少"的占32.6%。同时，被调查者中55.6%的人认为城市居民"态度好"，认为"态度不好"的占44.4%。33.8%的新生代农民工认为"大多数城市居民瞧不起新生代农民工"，47.7%的认为"少数城市居民瞧不起新生代农民工"，只有18.5%的认为"城市居民不会瞧不起新生代农民工"和"难以判断"。超过1/4的新生代农民工表示"经常"遭到城里人的冷漠与歧视，表示"有时"会遭到歧视的占4成，两者合计高达62.8%。新生代农民工中有43.7%的人表示"喜欢与常打交道的城市居民来往"，而37.1%的人表示"不喜欢与城市居民来往"，还有19.2%表示"要看是哪些城市居民"。有4成比例的新生代农民工表示与城市居民"交过朋友"，而表示"没交过朋友"的则高达近6成。在回答"您对新生代农民工进城这件事的看法"时，约3成的城市居民认为"基本是件好事"，认为"好坏参半"的为48.8%，而表示"基本是件坏事"的占18.1%，还有3.9%的人认为"难以判断"。[1]

矛盾冲突时有发生。近年来，外地人与本地人之间的矛盾和冲突多了起来，有的甚至十分激烈；劳动关系不太和谐，停工、罢工事件时有发生。根据调查，当前有1/4左右的新生代农民工承认自己进城后与城市居民发生过冲突和争斗，不过他们表示这些冲突和争斗都是出于自我的保护。同一调查还显示，新生代农民工自进城以来"遭受欺侮"平均达到4.3次，其中被打过0.3次，被辱骂过3.8次，遭受其他欺侮0.2次。打骂欺侮新生代农民工的主体排在前三位的是"城市街头流氓"、"公共场所陌生人"、"管理、服务人员"，其比例分别为39.0%、32.2%和25.3%。值得关注的是，当遭受打骂欺侮时，46.9%的新生代农民工表示"忍气吞声"，表示"向110报警"的占29.0%，还有23.3%的则明确表示"反抗或

---

[1] 刘玉连、周芳苓，2011：《矛盾与冲突：贵州新生代农民工与城市居民关系的调查分析》，载《毕节学院学报》，2011年第5期。

报复"。❶2011年广州增城事件就是近年来发生的本地人与外地人冲突的典型事件。

## 三、新生代农民工社会融合难的原因

专家学者对包括新生代农民工在内的流动人口社会融合难已有很多研究。

有人认为流动人口特别是农民工的社会融合需要一个历史的历程，由于语言、文化、自身素质和职业技能、生活习惯等的差异，社会融合本身就是一个继续社会化的过程，不可能一蹴而就，有一个逐步适应的过程。

有人认为，流动人口由于缺少社会支持网络和社会资本，社会融合必然是困难的；有人认为工作变动频繁，失业现象严重，在劳动关系、劳动报酬和劳动保护等方面待遇不公平，就业培训率低，业余生活单调，利益表达渠道匮乏等，造成农民工难以真正融入城市。❷

有人指出，在东南沿海发达乡镇，外地人与本地人之间的收入差距、公共福利差距，一些地方政府和本地居民对外来工的制度歧视、意识歧视、管理歧视和生活歧视，使一些外地人开始萌发群体性对立情绪。❸

王春光研究指出，新生代农民工难以成为城市居民主要原因是政策

---

❶ 刘玉连、周芳苓，2011：《矛盾与冲突：贵州新生代农民工与城市居民关系的调查分析》，载《毕节学院学报》，2011年第5期。

❷ 胡荣、陈斯诗，2010：《农民工的城市融入与公平感》，载《厦门大学学报（哲学社会科学版）》，2010年第4期。

❸ 叶前、钟玉明，2011：《校正失衡的"同城待遇"》，载《瞭望新闻周刊》，2011年第25期。

不平等造成的制度障碍:(1)就业没有保障。国家没有将农民工在城市找不到工作,作为"失业"来对待,因此没有为他们提供相应的失业和再就业政策和待遇;(2)没有平等的职业福利。农民工在城市获得了就业权和机会,但是,却没有获得相应的职业福利,包括休息权、就业保障权等;(3)住房没有保障。城市还没有为农民工提供与城镇居民同等的住房安全保障权利,不但城市廉租房、经济适用房政策没有覆盖到农民工,而且在城市拆迁政策方面根本没有考虑到农民工居住的稳定利益问题,农民工实际上在城市拆迁和重建中是最容易受到驱赶和不重视的群体。而一些调整后的社会政策并没有产生如决策者所预料的那么好的效果,即使一些推进公平化的社会政策也并没有得到真正的落实,造成农民工实际能享受到的机会和权利,存在着政策文本规定与实践之间的严重错位:不少规定停留在文本上,根本无法执行,与此同时,还催生出不少规避行为和做法,抵消了社会政策的效力。例如,农民工子女在流入地接受义务教育的政策实施、新修改的《劳动合同法》执行情况等,都与政策初衷有一定差异。[1]

其实,新生工农民工社会融合难,既有流动人口本身素质不适应的问题,也有城市人口、当地人的偏见和歧视的问题,更多的还是城乡户籍制度造成的城乡和区域发展差距以及相关的社会保护制度缺失。

---

[1] 王春光,2010:《新生代农民工城市融入进程及问题的社会学分析》,载《青年探索》,2010年第9期。

# 中国城市化进程中的农民工问题

卢晖临[1]

农民工是改革的产物,也是改革的创造者。30年改革尘埃未定,中国俨然已经成为"世界工厂",农民工是这一历史过程的新兴主体,它承载了中国走向全球资本主义伴生的所有矛盾与苦难,也必然承担着书写中国社会转型历史的伟大使命。中国未来与这一多达两亿的庞大群体息息相关,农村问题、城市发展、城乡关系、改革走向,有关中国现状和未来的几乎一切重要探讨都离不开对这一新兴群体的认识。

自20世纪80年代后期以来,农民工问题就成为学术界的重要议题:从早期关于民工外出动因和组织形式的研究到对流动民工在城市中的生存状态的关注(郭庆,1993;李培林,1996;黄平,1997;周晓虹,1998;谭深,冯小双,2000;蔡昉,2000),从流动民工外出务工的社会后果到对民工回流问题的探讨(白南生,宋洪远,2002;孙立平,2003),学者们从经济收益、社会流动、行为选择等方面对农民工问题进行了大量研究与积极探索。本篇论文一方面尝试着从更宏观和结构性的角度探讨农民工问题,另一方面着力对新生代农民工群体的生活状态、行为模式及价值观念进行深入的探讨,揭示其情感体验和身份认同。

---

[1] 北京大学社会学系。

## 一、中国城市化进程与"伪城市化"现象

改革开放以来,中国经济持续快速增长,在过去30年里,GDP以年均将近10%的速度增长,30年的发展,中国已经超越日本成为世界上第二大经济体。伴随着经济增长,中国的城市化水平也在持续稳步地提升中,城市化水平从1978年的17.9%已上升到2011年的51.3%。另外一方面,城市在我们中国整个经济、社会生活乃至价值当中的中心地位也愈来愈明显。

在总结中国城市化经验的时候,我们经常非常自豪地提到一个特点:中国城市没有贫民窟。我们知道,在巴西等一些城市化水平很高的国家,经常可以看到现代化大都市星罗棋布地分布着一个个贫民窟:那里的建筑质量和卫生条件极差,居民中很多人没有办法通过正常的工作生存。这样一个大面积的、大规模的贫民窟,在中国的城市确实不常见。所以我们会这样自豪地宣称:中国城市化的亮点是没有贫民窟。

在北京和深圳这样的城市,的确不怎么会看到贫民窟。在很大程度上,贫民窟问题是城市空间、城市规划跟不上城市人口增长的结果,然而,中国城市化进程却出现了土地城市化快于人口城市化的现象。中国社会科学院发布的《2009中国城市发展报告》显示,2001年至2007年,地级以上城市市辖区建成区面积增长70.1%,但人口增长只有30%。[1]

根据《中国城市建设统计年鉴》中对于城市人口和城市建成区面积的历年统计数据,计算二者的年增长率,可得出城市人口年增长率与建城区面积年增长率统计图,从图中可看出,20世纪90年代以来,土地城市化要明显快于人口城市化。

---

[1] 新华网,2011年2月14日,见http://news.xinhuanet.com/fortune/2011-02/14/c_121072377.htm。

黄亚生的研究也发现：从1996-2004的数据看，中国城市化的特点主要是土地的扩张，而不是人口密度的增加，土地的城市化快于人口的城市化（黄亚生，2010）。黄亚生还发现，中国的家庭消费占GDP的比例是在大规模的下降，这与经济学的逻辑相悖。按照经济学家的逻辑，城市化必定增加消费在GDP当中的比重，可是从中国的宏观数据来看恰恰是相反的，2000年以后的10年城市化步伐加快，可是家庭消费占GDP的比例实际上是在下降❶（黄亚生，2011）。这两个现象其实是从不同的方面表述一个问题，这个问题就是最近一两年人们热议的"伪城市化"。

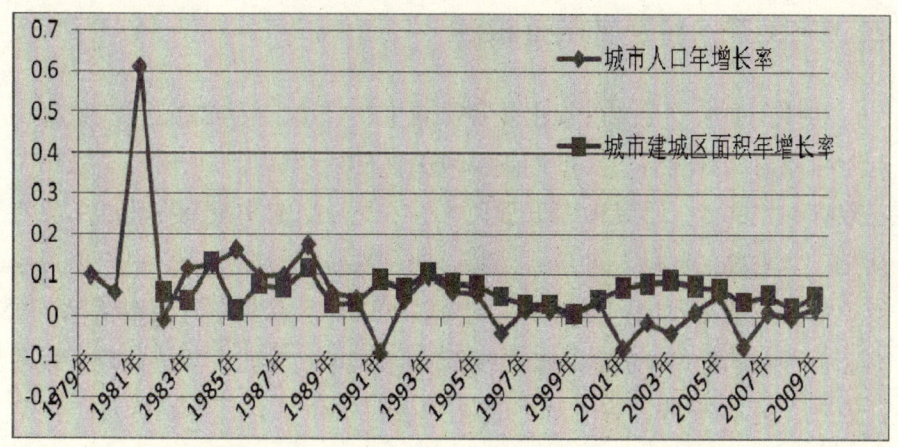

图1 城市人口年增长率与城市建成区面积年增长率统计图

回到我们刚才开头的统计数据，我们的城市化水平已经是接近50%了，可是在被统计为城市人口的人群中间，相当一部分人实际上根本没有办法过上和一般的城市居民一样的生活，没有办法享受到城市各类的公共服务，他们的收入水平、消费模式等都没有办法和一般城市居民相

---

❶ 黄亚生（2011）指出，上世纪80年代，中国家庭消费占GDP的比例是在50%的水平，上世纪90年代这一比例开始下降，除了在90年代中期稍微有所恢复外，从2000年至今，这种下降趋势一直没有停止。目前，中国家庭消费占GDP比例是35%左右。

提并论。我们在计算城市人口的统计口径上早已和国际接轨,即采用常住人口概念(只要在某个城市居住半年以上,就被统计为该城市的常住人口)。被统计为城市的人口中,有上亿人实际上是农民工(蔡昉,2010)。在我看来,中国城市化的特点不是没有贫民窟,而是它制造了农民工这一庞大的群体,这是一个高度具有中国特色的现象。从表象上看,我们的城市整洁有序,我们的经济也持续增长,可是潜藏的却是农民工问题。

## 二、农民工问题及其制度根源

2010年中央一号文件提出要解决新生代农民工问题。这是农民工引起中央政府、社会各界、新闻界高度关注的一个标志性的时点。农民工已经存在了30年,但从改革开放以来,农民工引起中央及媒体的关注竟然是以"农民工问题"的形式。什么叫"农民工问题"呢?一个最简单直观的表述就是农民工自身出了问题。2006年,我到东莞去做调研,在东莞投资办厂很多年的老板就会说:"现在的农民工出了很多问题。以前的农民工吃苦耐劳,好管理,现在的农民工情绪化,不好管理,经常跳槽。"

所谓"农民工问题",还表现为一些农民工的个体行为累积而导致的严重社会问题,比如说2010发生的富士康的连环跳事件,还有最近几年经常报道的一些暴力事件,如农民工制造一些爆炸事件来伤害他人等。一个是向内自我毁灭,一个是向外伤害他人,这些都是个体行为,但累积而导致了严重的社会问题。还有就是被一些科学研究所证实的农民工的心理健康问题。一项调查研究发现,农民工心理健康方面的主要问题是强迫,然后依次是人际关系敏感、偏执、抑郁、敌对等(刘衔华,2006)。

所有这些问题，从现象上看似乎都成立，可能农民工确实不安现状频繁跳槽，可能农民工的心理健康确实比一般的成人要差，可能农民工暴力犯罪的比例确实略高，可是如果我们要想得更深一点，这些问题是怎么产生的？它的根源何在？我们就不能仅仅停留在一个现象的层面上。我们需要做一个更深的挖掘。

农民工问题是怎么产生的？它的根源何在？笔者认为，直观来讲，首先要从"农民工"这个词来进行分析。"农民工"这个词最早出现于上世纪80年代中期（张雨林，1984），这个词我们已经使用了20多年，并被当成非常自然而然的存在了，但认真一想就会发现这个词是多么奇怪和荒谬。被我们叫作农民工的人，不管是制造业工人，还是一些从事服务业的人员，甚至包括一些自行就业的小商小贩，他们早已经不是农民了，他们主要的劳动时间和劳动收入都来自于现有的职业，可我们仍然将他们称作农民工。当然现在我们知道，农民是他的身份，工人是他的职业，他进入城市完成职业上的转换之后，其农民身份仍被保留和维系，以至于他一直无法获得一个完整的工人的身份。很多人说农民工这个词不好，带有歧视的意味，建议改用"工人"或"新工人"等新词。我们在面对农民工这个词的时候虽然倍感刺痛，可是仍然坚持使用，因为农民工背后的实质性歧视不会因为言语上的简单改变而消失。对于农民工本人来说，伤害主要不是来自农民工这个称呼，而是它背后的"制度设计"（卢晖临，2011）。

我们在不同场合说农民工是一种"制度设计"。表面看起来，并不存在一个叫作"农民工"的制度，那么我们为什么又说是"制度设计"呢？在社会科学的意义上，制度不仅仅是文本，不仅仅是政策文件、法律法规，而且是现实中实际起作用的一套做法和实践。正是在这个意义上，我们把它叫作"制度设计"。

农民工是高度具有中国特色的一种现象。我们知道，资本原始积累就是将农民等小生产者的生产资料、生活资料剥离的过程，因此也是农民等小生产者无产阶级化的过程。农民失去了生产资料和生活资料，不得不进入城市，和机器、工厂结合才能够谋生。工业化催生农民由农村向城市的流动大潮，这不是中国的特色，世界范围内莫不如此，早期的英国、美国，后来的拉美、东亚四小龙都是这样。中国特殊的地方是什么？中国特殊之处是这个无产阶级化过程没有完成：大量的农民从农村进入到城市，职业上发生了转换，可是他们没有获得在城市居住和生活的制度性的安排，缺乏住房、子女教育和医疗保障，他们成了"农民工"（潘毅、卢晖临，2009）。这个过程中农民工被置于一个摆脱不了的困境中：劳动力的生产和再生产发生了空间上的分离，也就是说他们的劳动力被城市雇主使用，可是他们的劳动力的再生产（即劳动力维持和更新）是和城市分离的，很大一部分要依赖农村。对于农民工而言，工业化和城市化是高度分离的。

那么，农民工这一"制度设计"是怎么开始的呢？我们知道，计划经济时代我国施行的是非常严格的户籍管理制度，农民不仅不可以随意到城市工作，甚至不可以随意到城市去走动。但是改革开放之后，随着港资、台资和外资进入中国投资办厂，对劳动力的需求大增，国家因此放松了户口的管制，允许农民工进城，从最初的自带口粮，到后来慢慢地把口子放得更大，可以自由进城打工。但是要注意的是，我们放松了对劳动力流动的管制，却没有彻底废除户籍制度。劳动力可以自由进入工厂，可是劳动者作为一个人的完整需求，城市却不打算承担。这样一个"制度设计"维持了30年，到今天农民工已进入第二代，却仍然看不到转化为城市工人的希望。

农民工这样一种制度设计既然这么不合理，这么荒谬，为什么会一直存在？要回答这一问题，最简单的思路就是问：这样一个制度符合谁的利益？我们认为，农民工的存在符合国家追求经济增长与资本追求最大化利润这两个方面的利益（卢晖临，2011）。过去30年里，依靠廉价劳动力持续不断的供应，中国经济维持了持续高速的经济增长，国家财政收入也每年以百分之几十的速度往上增长；与此同时，中国的经济增长以最快的速度制造了最多的富豪，目前中国已经超过日本成为世界第二大奢侈品消费国。

资本总是通过压低劳动力价格（工资）来获取最大利润，农民工的存在，使得资本可以以一种突破底线的方式压低劳动力价格，从而获取超额利润（潘毅、卢晖临、张慧鹏，2010）。在所有的地方，资本的本性都是追逐利润最大化，但总会碰到一个绝对的底线，那就是劳动力再生产的基本费用。工人需要养活自己，需要组建家庭，养育后代，雇主支付的工资必须包含这些基本费用。农民工这一制度设计，通过把农民工的劳动力再生产很大一部分甩到农村去，使得资本对劳动力价格的压低成功地突破了城市工人的底线。这就是农民工制度设计背后的奥秘，它满足了资本追逐最大化利润的需要。

## 三、"有工作没有生活"的农民工

根据国家统计局的报告，2011年农民工总数为2.5亿，其中进城农民工数量将近1.6亿。对于进城农民工中的大多数人来说，微薄的收入、"有工作，没有生活"的状态，让他们虽然身在城市，却无法过上城市人的生活。

农民工的收入的低下，可以从深圳市（中国改革开放最早的"经济特区"，同时也是吸收农民工最多的城市）过去20年最低工资标准的变化情况反映出来。

表10　深圳市历年最低工资标准

| 年份 | 最低工资（元） | 职工平均工资（元） |
|---|---|---|
| 1992 | 245元 | 494 |
| 1993 | 286元 | 679 |
| 1994 | 300元 | 881 |
| 1995 | 300元 | 1023 |
| 1996 | 310元 | 1209 |
| 1997 | 320元 | 1378 |
| 1998 | 330元 | 1532 |
| 1999 | 419元 | 1726 |
| 2000 | 419元 | 1920 |
| 2001 | 440元 | 2162 |
| 2002 | 460元 | 2352 |
| 2003 | 460元 | 2551 |
| 2004 | 480元 | 2661 |
| 2005 | 580元 | 2706 |
| 2006 | 700元 | 2926 |
| 2007 | 750元 | 3233 |
| 2008 | 900元 | 3621 |
| 2009 | 900元 | 3894 |
| 2010 | 1100元 | 4205 |
| 2011 | 1320元 | 4640 |

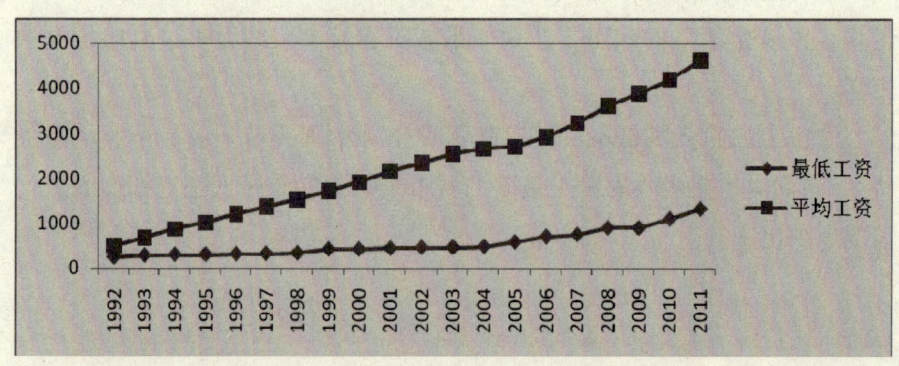

（数据来源：深圳市统计局）

上表是深圳市1992年以来最低工资的变化情况。深圳市从1992年开始制定最低月工资标准，当年是245元，括号内数字是深圳市当年职工的月平均工资。1992-2011这20年时间里，最低工资从245元增长到1320元，增长了3倍多，而同期深圳市GDP增长了几十倍，我们看到最低工资的增长幅度相对经济增长的速度而言是非常缓慢的。不仅如此，我们还可以看到深圳市最低工资的相对标准也愈来愈低。1992年最早制定最低工资时，最低工资大约相当于职工平均工资的50%，这还在一个比较合理的范围内（宁光杰，2011），但是再往后看，最低工资绝对数是在缓慢增加，相对于平均工资的比率却不断下降，2011年已降到28%，可见最低工资的水准已经低到一个很不合理的水平。这一点农民工自己有比较明确的体会。90年代初农民工到深圳打工，感觉到有钱赚，他的工资可能比很多在内地的公务员、事业单位的人员工资都要高，更不要说他作为一个农民的收入，工作虽累，但是有钱赚。但是今天的农民工进入深圳打工，他只能是为生存苦苦挣扎。2009年深圳市月人均食物支出为628元，一个农民工如果只拿最低工资（900元），他的恩格尔系数就接近0.7，这绝对是超级贫困的水平。

最低工资能不能反映农民工的收入呢？我们知道农民工有分化，不同工种、不同岗位和不同技术水平，收入会有差别。但在现实中，一线制造业工人，或者普通服务员，8小时工作拿到的基本上就是最低工资。这当然是一个不正常的现象，因为最低工资本来只适用于那些处于经营困难阶段的企业，或者其他一些特殊情况。可是今天我们会发现，中国的企业不管其盈利能力如何，不管是外资内资还是其他性质的资本，不管什么行业、什么地域，基本上都对一线普通员工执行最低工资。2010年富士康发生员工跳楼事件前，富士康普通工人工资就是950元，只比2009年最低工资900元略高。最低工资成了一线农民工的最高工资，这一极不正常的现象就是农民工必须普遍面对的现实。为了维持生

存，农民工不得不加班获得额外的加班费。❶

农民工的制度设计满足了资本利润最大化的需要，但却给农民工带来巨大的伤害，整个农民工群体陷入难以摆脱的困境中。微薄的收入只能勉强维持农民工本人在城市里面的生活，根本谈不上结婚生子，谈不上长久在城市里面居留的可能性。农民工的处境，我讲得稍微夸张一点，是"有工作没有生活"（潘毅、卢晖临，2009）。今天农民工在城市里找份工作不难，但这份工作只能让他在城市勉强生存，他没有生活，或者是只有非常有限的生活——这一点只要看看工厂宿舍和城中村的状况就明白了。我们经常说中国的城市没有贫民窟，乍一听有道理，可是我们有什么？我们有工厂宿舍！在南方制造业发达的地区，大量的农民工是在宿舍里面居住的。还是以深圳为例，该市一千五百万人口，其中两百多万是户籍人口，其余将近1300万大多数是农民工❷，他们居住在光鲜整洁的城市之外的工厂区。你一出关到宝安区，看到的是另外一个深圳，那里没有整洁的街道，没有繁华的商业大厦，没有绿荫匝

---

❶ 国家发展改革委经济体制与管理研究所，2011年1月14日，http://www.china-reform.org/?content_220.html，"当前农民工工作和生活状况调查研究"课题组《边缘化生存：农民工的工作和生活状况——来自珠三角某工厂的一项田野调查研究》指出，调查员收集了XXX厂厂两个生产小组的车位工（制衣厂最核心和人数最多的工种）2009年11月份的详细考勤表，发现工人当月平均总出勤天数达到28天，也就是说当月平均只休息了2天；平时上班的21天中，平均每人总加班90小时，平均每天4.3小时，也即平均每人每天工作12.3（8＋4.3）小时；另外，平均每人加班7个周末日，在这7个周末日中，除每天8小时正常上班之外，还平均共计加班17小时，故当月平均每人周末的总加班时间为73（8×7＋17）小时；当月平均每人总加班时间163小时（平时加班＋周末加班=90＋73），远超于法定的每月最高加班时间，相当于多干了20个正常的8小时工作日。一些工人戏言："我们的一个月不是30天，而是45天。"

❷ http://news.xinhuanet.com/local/2011-12/06/c_122382024.htm?prolongation=1，根据深圳市出租屋综管办的最新统计，2011年10月底深圳登记在册的非户籍人口达到了1280万人，加上户籍人口274.7万，全市实际管辖人口已超过1500万人。

地的公园；那是一个彻头彻尾的生产空间，到处是工厂，在每一个工厂围墙里面，兴建有为生产服务的宿舍，工人密集地住在宿舍里。可是宿舍并不是一个完整的生活空间，它仅仅是一个劳动力最简单再生产的场所，不要说不具备为农民工提供家庭生活的条件，即便是满足一个人完整的生活需求都有困难，说白了，宿舍就是一个睡觉的地方。

潘毅和任焰两位学者提出了"宿舍劳动体制"概念（潘毅、任焰，2009），在她们的文章里，宿舍不仅仅是一种特殊的建筑，而且是使得农民工进入工厂却不进入城市的一种制度安排。宿舍只是一个睡觉恢复体力的地方，作为一个人的完整的生活需求则被抑制和忽略。中国的城市化用宿舍替代了贫民窟，在维持城市建成区光鲜整洁的同时，却将数千万农民工置于"有工作没有生活"的处境中。

在北京、上海这样的城市，制造业不如商业服务业发达，农民工大多不住在工厂宿舍，而是住在城中村（或城乡接合部）。❶这些地方本是大城市的农村地区，它们之所以成为农民工集聚地，并不是城市政府的有意安排，而是当地农民出租房屋的市场需求与农民工在城市中的居住需求自然结合的产物。与工厂宿舍相比，城中村能够为农民工的生活需求提供更多满足，譬如很多城中村里的农民工可以维持家庭生活，但是他们仍然过的是一种简化、压缩的生活。城中村不是农民工居留城市的合法化空间，不过是"寄住"之地罢了。一旦他们所在的城中村进入城市规划视野，就意味着他们"寄住"之地行将消亡。❷很多在北京居留的农民工都有频繁迁徙的历史，从二环到三环，从三环到四环，从四环到五环……

---

❶ 任焰、梁宏（2009）根据以往对农民工居住空间的研究表明，农民工群体在城市中的社会空间分布状况主要有三种类型：（1）城市中以地缘为纽带的外来人口聚居区，如北京的"浙江村"（王春光，1995；项飚，2000）；（2）城市扩张时期外来人口聚集的"城中村"（李培林，2002）；（3）在城市工业区或经济开发区中常见的工厂宿舍，通常与当地社区形成分割的二元社区（周大鸣，2000）。

❷ 何军、王胜利（2011）指出，大规模的城中村拆迁改造使得适合农民工租住的低租金房源大幅度减少，农民工居住更趋边缘化。

## 四、新生代农民工的挑战

对于农民工来说,"有工作没有生活"的处境存在了30年,但是为什么到了最近这些年,农民工问题变得这么突出呢?一个最大的变化是,农民工这样一个"制度设计"遭遇了新生代农民工。过去的农民工制度设计也给第一代农民工带来了很大的伤害。但是新生代农民工的出现,以及他们的一些新特点,使得这样的制度设计在新生代农民工中难以维系。

第一代农民工进城打工,很多是抱着先外出挣钱、后回去建设美好农村生活这样一个目的(王春光,2001;潘毅、卢晖临,2009)。打工是一种工具,是为了回家盖房子、结婚、养育子女。因此,他多少还能接受回去的安排,哪怕他有一种内在的想要留在城市的欲望,可是他还能接受回乡的命运。新生代农民工则不同,他们出生在上世纪80年代、90年代,那是一个物质生活水平相对丰裕的年代,又是一个受教育水平普遍提高的年代。他们属于"无土"一代,在他们的名下,大多数人都没有分到土地,很少人有农业的生产技能和经验。在他们成长过程中,城市早就通过电视等大众传媒展现在他们的眼前,并成为他们的生活目标和梦想(唐斌,2002;许传新、许若兰:2007;蔡昉,2010)。对于新生代农民工中的很多人来说,自他们走出家门的那一刻起,就没有像其父母辈那样想过再回家做农民,就此而言,他们是踏上了一条进城打工的不归之路。(潘毅、卢晖临,2009)但是以我们上面讨论过的微薄收入,打工根本没有可能通向城市生活。新生代农民工在城市里居留的时间越长,就越发看不到在城市长久生活的可能性。在这样的情况下,打工的意义忽然坍塌,打工就成了一种"漂在当下""活在当下"的一种方式,而不能通向任何一个长远的生活目标(卢晖临,2011)。

前进之路已经堵死，后退之路早已关闭，身陷这种处境中的新生代农民工在身份认同方面出现了严重危机，由此带来一系列的心理和情绪乃至行为问题——这正是我们从富士康员工跳楼背后看到的深层的社会和结构性原因（潘毅、卢晖临、郭于华、沈原，2011）。今天我们看到的是没有希望、进退两难的新生代农民工，身陷这一困境中的新生代农民工遇到了严重的身份认同危机。新生代农民工在走上打工之旅后面临着一个建构新的身份认同的历程，而这种历程的第一步是从自我否定开始的。在新生代农民工这里，"成为城市人"浮现为强烈的欲望，甚至明晰为长远的生活目标。他们在饮食起居、穿衣戴帽、交友婚恋甚至文化消费等各个方面都不遗余力地划清与农村人的界限、尝试城市人的生活方式（余晓敏、潘毅，2008），然而，横亘在他们眼前的却是有着巨大反差的社会现实，生活在"宿舍劳动体制"之下或者城乡结合部的农民工，在物质和精神层面都遭遇着城市的排斥，由于收入微薄，加上缺乏住房、教育、医疗、社会保障等各种制度性的支持，他们越努力地追求城市生活，越会发现这个目标的遥不可及，通过打工这一手段似乎永远没有办法接近这一目标，打工的意义轰然坍塌。他们用行动和选择表明自己"不是农民"，却无法在现有的社会结构中确定自己的新的位置，自我否定的打工之旅通向的是一种漂泊的生存状态和主体体验，却没有办法形成新的身份认同。"我是谁"的问题实际上困扰并影响着新生代农民工的打工行为，我们常听到工厂老板抱怨这一代人不好管，情绪化，动辄辞工，没有人生规划，等等，其实这些问题都和认同危机联系在一起。在这样一种生存困境和认同危机之下，我们发现，在新生代农民工中间，"不爽"正成为一种弥散性的情绪，侵入骨髓，挥之不去（卢晖临，2011）。

新生代农民工希望在城市生活，这是一种非常基本的诉求，也是一种非常合情合理的诉求，一个人要求在自己工作的地点生活下来，这不是一个基本的诉求吗？我们认为，新生代农民工问题的解决就一个方向——废除农民工这一制度设计（卢晖临，2011）。具体而言则涉及两方面的责任，首先是企业的责任，应还给劳动者一份有尊严的工资，为劳动者过上正常的、有尊严的生活创造基础的物质条件，让农民工成为真正的"企业公民"。第二是政府的责任。农民工在城市中安家生活，碰到的最大障碍是住房、子女教育和医疗等问题。城市政府应拿出切实的举措，为农民工融入、扎根城市创造条件，让他们成为真正的"社区公民"，分享他们亲手创造的经济发展的成果。我们当然知道解决农民工问题会碰到种种困难和障碍，企业不会自动给农民工涨工资，城市政府也经常囿于短期利益而拒绝承担本应承担的责任。但是，我们可以确定的是，当新生代农民工进入历史舞台遭遇农民工这一"制度设计"时，紧张和冲突就注定不可避免。早日解决农民工问题，对于国家的长治久安和可持续发展都有重要的意义。

## 参考文献

[1] 黄亚生，2010：《农民工与城市化》，载《经济观察报》，2010年2月1日43版。
[2] 《黄亚生："中国模式"并不独特（专家视点）》，2011年7月1日，见http：//finance.sina.com.cn/roll/20110701/032910076949.shtml。
[3] 《中共中央国务院关于加大统筹城乡发展力度进一步夯实农业农村发展基础的若干意见》，2010年1月31日，见http：//news.xinhuanet.com/politics/2010-01/31/content_12907829.htm。
[4] 刘衔华，2006：《春节返乡农民工心理健康调查》，载《现代预防医学》，2006年33期。
[5] 潘毅、卢晖临，2009：《农民工：未完成的无产阶级化》，载《开放时代》，2009年第6期。
[6] 潘毅、卢晖临、张慧鹏，2010：《阶级的形成：建筑工地上的劳动控制与建筑工人的集体抗争》，载《开放时代》，2010年第5期。
[7] 任焰、潘毅，2006：《宿舍劳动体制：劳动控制与抗争的另类空间》，载《开放时代》，2006年第3期。

[8] 卢晖临，2011：《"农民工问题"的制度根源及应对》，载《人民论坛》，2011 年第 29 期。
[9] 潘毅、卢晖临、郭于华、沈原，2011：《富士康辉煌背后的连环跳》，商务印书馆。
[10] 张声华等编，1998：《上海流动人口的现状与展望》，华东师范大学出版社。
[11] 任焰、梁宏，2009：《资本主导与社会主导——"珠三角"农民工居住状况分析》，载《人口研究》，2009 年第 2 期。
[12] 王春光，2001：《新生代农村流动人口的社会认同与城乡融合的关系》，载《社会学研究》，2001 年第 3 期。
[13] 余晓敏、潘毅，2008：《消费社会与新生代打工妹主体性再造》，载《社会学研究》，2008 年第 3 期。
[14] 蔡昉，2010：《城市化与农民工的贡献——后危机时期中国经济增长潜力的思考》，《中国人口科学》，2010 年第 1 期。
[15] 张雨林，1984：《县属镇的"农民工"——吴江县的调查》，载《社会学通讯》，1984 年第 1 期。
[16] 关海玲、金波，2005：《山西工业化与城市化互动发展分析》，载《理论探索》，2005 年 01 期。
[17] 宁光杰，2011：《中国最低工资标准制定和调整依据的实证分析》，载《中国人口科学》，2011 年第 1 期。
[18] 王晓辉，2009：《城市农民工中低层灵活就业群体的社会排斥问题研究》，载《城市问题》，2009 年第 6 期。
[19] 《世界工资研究：非洲 32 个国家最低收入超中国》，载《中华网》，2010 年 2 月 10 日，见http://club.china.com/data/thread/1011/2709/67/37/8_1.html。
[20] 何军、王胜利，2011：《西安市区农民工居住问题研究》，载《理论导刊》，2011 年第 5 期。

图书在版编目（CIP）数据

经济改革和社会结构变迁中的劳动关系/王学东，张文红主编
—北京：中央编译出版社，2013.4
ISBN978-7-5117-1629-3
Ⅰ.①经…
Ⅱ.①王…②张…
Ⅲ.①经济改革－影响－劳动关系－研究②社会结构－影响－劳动关系－研究
Ⅳ.①F246
中国版本图书馆CIP数据核字(2013)第058508号

## 经济改革和社会结构变迁中的劳动关系

| | |
|---|---|
| 出 版 人 | 刘明清 |
| 出版统筹 | 薛晓源 |
| 责任编辑 | 杜永明 |
| 责任印制 | 尹　珺 |
| 出版发行 | 中央编译出版社 |
| 地　　址 | 北京西城区车公庄大街乙5号鸿儒大厦B座（100044） |
| 电　　话 | （010）52612345（总编室）（010）52612339（编辑室）<br>（010）66161011（团购部）（010）52612332（网络销售）<br>（010）66130345（发行部）（010）66509618（读者服务部） |
| 网　　址 | www.cctpbook.com |
| 经　　销 | 全国新华书店 |
| 印　　刷 | 北京瑞哲印刷厂 |
| 开　　本 | 788毫米×1092毫米　1/16 |
| 字　　数 | 188千字 |
| 印　　张 | 14　　　　　　　　插页　8 |
| 版　　次 | 2013年4月第1版第1次印刷 |
| 定　　价 | 45.00元 |

本社常年法律顾问：北京市吴栾赵阎律师事务所律师　闫军　梁勤
凡有印装质量问题，本社负责调换，电话：（010）66509618